KB246889

난세,
사람이 답이다

최고의 나, 최고의 조직을 만드는 난세의 경영법

난세,
사람이 답이다

백사선 지음

리드잇

난세… 결국은 사람이 답이다

질문 하나. 우리가 알고 있는 한고조 유방, 중국 최초로 전국을 통일한 진시황, 중국 역사상 최고의 참모로 꼽히는 제갈량 등 난세의 영웅들이 가장 중시한 것은 무엇이었을까? 얼핏 생각하면 정치나 군사문제라고 생각하기 쉬울 것이다.

질문 둘. 난세에 천하를 얻는 최고의 방법은 무엇일까?

두 가지 모두 정답은 바로 '사람'이다. 난세의 영웅들은 '사람'을 가장 중요하게 생각했으며, '사람'을 얻는 자 만이 천하를 얻을 수 있다고 생각했다.

춘추전국시대 진나라의 출발은 미약했다. 전국 7웅을 자처하던 제나라, 위나라가 기세를 떨칠 때 진나라는 변방의 작은 소국에 머물고 있었다. 그런 진나라가 중국 최초로 전국을 통일할 수 있었던 원동력은 과연 무엇이었을까? 그 원천은 바로 '객경'이라는 진나라 특유의 인재정책에 있었다.

'인재=영토'라는 공식이 그대로 적용되던 시대에 진나라는 국경을 활짝 열고 인재를 받아들였다. 진나라에는 소위 '객경(客卿, 국경을 넘어온 벼슬아치)'이 넘쳐났다. 그 토대를 마련한 사람은 바로 진목공(穆公)이다.

목공은 진나라가 서방의 외진 곳에 위치한 탓에 중원의 선진문화와 제도를 받아들이지 못하는 것을 매우 안타까워했다. 이에 이를 타개하기 위한 해법으로 새로운 인재정책을 실시한다. '사불문(四不問)'이 바로 그것이다.

'사불문'이란 말 그대로 네 가지를 묻지 않겠다는 것으로, 그 네 가지란 민족, 국적, 신분, 연령을 말한다. 이를 통해 중원의 뛰어난 인재들을 발탁하고 선진문물을 흡수해 새로운 도약의 발판을 마련할 수 있었고, 그 후에도 진나라 인재정책의 근간이 되어 끊임없이 외부로부터 다양한 인재들을 수혈 받을 수 있었다. 나아가 400년 뒤 천하통일이라는 엄청난 역사의 기초 역량으로 작용하였다.

동서고금을 막론하고 위정자나 경영자가 얼마나 능력이 출중했는지를 알고자 한다면 그가 어떤 인물을 등용해 얼마나 잘 부렸는지 살피면 된다. 남을 부리는 위치에 있는 그 자신이 아무리 뛰어난 능력을 지녔다하더라도 사람을 제대로 부리지 못하면 그 능력이 결코 뛰어나다고 할 수 없기 때문이다.

이 책은 그런 물음으로부터 시작되었다.

"소 잡는 칼로 닭을 죽일 수는 있지만 닭 잡는 칼로 소를 잡으려 한다면 소를 죽일 수 없을 뿐 아니라 그 칼에 사람이 다치고 심지어 목숨을 잃을 수 있다."

본래 조조의 인사참모였던 유소가 일갈한 인재 등용의 제1원칙은 '적재적소'이다. 즉, 어떤 일에 알맞은 재능을 가진 인재를 알맞은 자리에 쓴다는 것이다. 하지만 그것이 매우 어렵다.

남송 영종 때 한평원이 북벌에 실패하고도 재상에까지 오른 것은 닭 잡는 칼이 소 잡는 데 잘못 사용된 예다. 번지르르한 말솜씨에 속아 실전 경험 없는 조괄을 크게 기용했다가 망국에 이른 조(趙)나라의 비극도 여기에 속한다. 또 분서갱유(焚書坑儒)를 이끈 진(秦)나라 이사의 탐욕은 진시황의 독단과 만나 진의 멸망을 재촉했다. 반면 당(唐)태종 이세민은 방현령을 기용해 천하를 얻었고, 명(明)나라 태조 주원장은 아내 마태후의 지혜 덕에 개국 황제가 되었다. 유비는 제갈량을 얻기 위해 삼고초려(三顧草廬)를 마다하지 않았고, 허정·유파 등 반대파를 포섭해 지지 세력으로 만들었다.

'인사가 만사'라고 했던가. 이처럼 인재 감별과 활용 능력은 역사의 승패를 동정 없이 갈라놓았다. 이는 아직도 유효하다.

세계의 많은 나라와 기업, 조직들이 진목공의 '객경'과 같은 인사정책을 실시하고 있다. 문제는 과연 어떤 인물을 어떻게 써야 하느냐에 달려 있다. 특히 요즘과 같은 난세에는 무턱대고 아무나 등용해서는 안 된다는 것을 역사는 말하고 있다.

마찬가지로 개인에게 있어서도 난세의 처세와 위기관리는 매우 중요하다. 이에 이 책은 우리가 익히 알고 있는 동양 최고의 처세서인 『사기』를 비롯해 『삼국지』 『회남자』 『논어』 『손자병법』 『정관정요』 『채근담』 『전국책』 『도덕경』 등 동양 최고의 고전에서 뽑은 역사 인물들의 짧은 일화와 함께 난세를 이길 수 있는 처세와 위기관리법 등을 함께 제시하고 있다.

바야흐로 난세다. 역사는 인간관계에 울고 웃는 영웅들의 눈물의 파노라마이자, 오늘을 살고 있는 동시대인이 스스로를 비춰볼 수 있는 거울이기도 하다. 리더를 중심으로 세를 이루고 조직이 운용되는 한, 수천 년 전 역사의 한 귀퉁이를 장식했던 인물들의 '처세술'이 여전히 유효한 배경이기도 하다.

결국 나라든 기업이든 조직이든 그것을 살리고 죽이는 것은 사람에게 달려있다고 해도 과언이 아니다.

사람이 답이다!

– 상하이에서 백사선

머리말

Part 1 누구를 등용할 것인가?
-난세의 인재 등용법

Part2 사람이 세상을 바꾼다
- 난세의 출사표

Part3 어떻게 살 것인가?

- 난세의 처세법

Part4 어떻게 위기를 돌파할 것인가?

- 난세를 경영하는 법

Part 1 난세의 인재 등용법
누구를 등용할 것인가?

동서고금을 막론하고 위정자나 경영자가 얼마나 능력이 출중했는지를 알고자 한다면 그가 어떤 인물을 등용해 얼마나 잘 부렸는지 살피면 된다. 남을 부리는 위치에 있는 그 자신이 아무리 뛰어난 능력을 지녔다하더라도 사람을 제대로 부리지 못하면 그 능력이 결코 뛰어나다고 할 수 없기 때문이다.

그렇다면 과연 어떤 인물을 어떤 자리에 써야 할까?

"나라의 안일은
군주가 어떤 명령을 내리느냐에 달려 있고,
나라의 존망은
인재 등용에 달려 있다."

– 사마천 『사기』

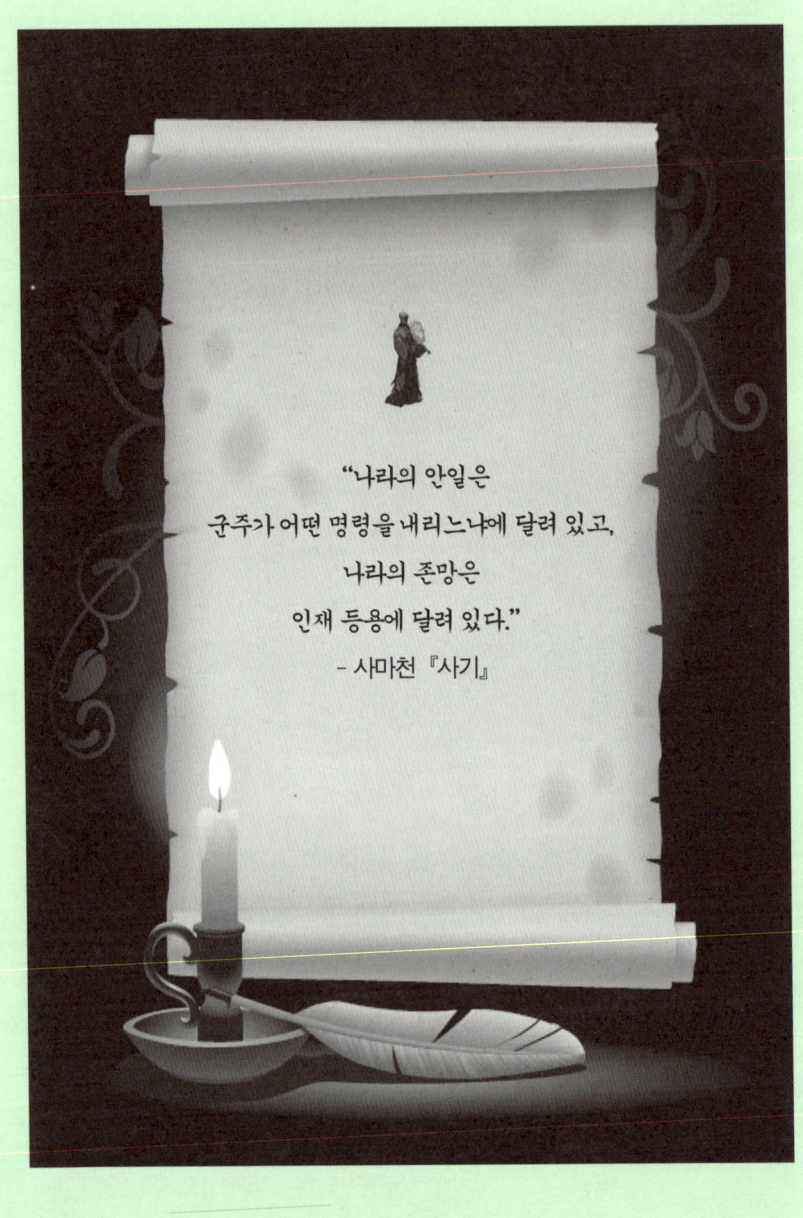

"나라의 안일은
군주가 어떤 명령을 내리느냐에 달려 있고,
나라의 존망은
인재 등용에 달려 있다."

- 사마천 『사기』

사불문(四不問), 최고의 인재 등용법

五羖大夫(오고대부) – '다섯 장의 검은 양가죽으로 사온 사람'이란 뜻으로, 그만큼 중요하고 귀한 인재를 말함.
– 『史記』 진기

중국 춘추전국시대 백리해(百里奚)라는 사람이 있었다. 그는 일흔이 다 되도록 뜻을 펴지 못한 채 떠돌다 진목공(秦穆公)을 만났다.

"올해 나이가 어떻게 되었는가?"

진목공이 그에게 나이를 물었다.

"이제 겨우 일흔입니다."

백리해가 답하였다.

"아깝구려. 중용하기엔 너무 늦었소."

목공이 탄식하자, 백리해가 다시 입을 열었다.

"신이 맹수를 잡거나 나는 새를 쫓아다니기엔 너무 늙어서 쓸 곳이 없을 지도 모릅니다. 그러나 가만히 앉아서 나랏일을 맡아보기엔 아직 젊습니다. 그 옛날 강태공이 여든에 문왕을 만나 주나라를 세운 데 비하면 아직도 열 살이나 젊습니다."

널리 인재를 구하던 진목공에게 백리해는 바로 한 살 위의 건숙(蹇叔)을 재상으로 천거한다. 이에 진목공을 만난 건숙은 다음과 같이 간한다.

"천하를 제패하려면 세 가지를 지켜야 합니다. 첫째는 욕심을 버려야 하며, 둘째는 분노하지 않아야 하며, 셋째는 무엇이건 조급히 서둘지 말아야 합니다."

춘추오패 중 하나인 진(秦) 목공(穆公)은 인재라면 버선발로 뛰어나갔을 만큼 인재를 아끼고, 외부의 인재를 영입하고자 노력하였다. 그도 그럴 것이 당시 서쪽 변방에 있던 진나라는 주변국으로부터 야만국 취급을 받았다. 이에 국력을 키워 중원을 장악하기 위해선 외부로부터의 인재 영입이 절실하였다.

목공은 백리해를 초빙하기 위해 다음과 같이 요청한다. 백리해는 소국인 우(虞)나라 출신이었지만 나라가 망한 뒤 초나라에 도망가 있었다.

"아무 짝에 쓸모없는 노인 하나가 그곳으로 도망갔는데 돌려보내 주시오."

그러자 초나라는 검은 숫양 가죽 다섯 장을 요구했다. 목공은 즉시 양가죽 다섯 장을 내주고 백리해를 얻었다. 이때부터 진나라에는 인재를 영입함에 있어 민족(종족), 국적, 신분, 나이를 따지지 않는 전통이 생겼다. 즉, 이 네 가지를 따지지 않고 유능하면 누구든 기용하겠다는 것이었다. 이것이 소위 '사불문(四不問)' 정책이라는 것인데, 지금 보아도 획기적이었다. 이로써 변방의 소국에 지나지 않았던 진나라는 일약 선진국 대열에 합류할 수 있었다.

그러나 목공의 파격적인 인재정책의 효과는 여기서 끝나지 않았다. 목공의 후예인 진시황의 천하통일(기원전 221년)은 거슬러 올라가면 목공의 인재 아웃소싱 전략에 그 뿌리를 두고 있다. 당시 적국은 외국이나 마찬가지였다. 약육강식의 정글에서 제후들은 늘 인재에 목말라했다.

사마천은 『사기(史記)』에서 다음과 같이 말한다.

"나라의 안일은 군주가 어떤 명령을 내리느냐에 달려 있고, 나라의 존망은 인재의 등용에 달려 있다."

2,600여 년 전의 가르침이지만 지금도 여전히 유효하다. 그만큼 나라나 조직의 발전에 있어 핵심은 바로 인재라고 할 수 있다. 멀리 갈 것도 없다. 세계 최강대국 미국의 힘은 과감한 이민정책, 곧 개방성에서 나온다는 건 누구나 인정한다. 지금 이 순간에도 각 나라의 똑똑한 인재들이 끊임없이 미국으로 몰려들고 있다. 아프리카 케냐 출신 유학생을 아버지로 둔 오바마 대통령 역시 그와 같은 열린정책의 산물이라고 할 수 있다.

따라서 인재를 구하는 데 있어 그 어떤 제한 조건도 둬서는 안 된다. 제한이 많을수록 필요로 하는 인재는 멀어지기 마련이다.

리더는 사람을 통해 일을 한다. 즉, 조직을 만들고 자리에 어울리는 사람을 등용하는 것이 리더의 역할이다. 따라서 리더는 사람을 알아보는 눈을 가져야 한다.

동서고금을 막론하고 위정자나 경영자가 얼마나 능력이 출중했는지를 알고자 한다면 그가 어떤 인물을 등용해 얼마나 잘 부렸는지 살피면 된다. 남을 부리는 위치에 있는 그 자신이 아무리 뛰어난 능력을 지녔다하더라도 사람을 제대로 부리지 못하면 그 능력이 결코 뛰어나다고 할 수 없기 때문이다.

그렇다면 과연 어떤 인물을 어떤 자리에 써야 할까?

고전에는 인재를 알아보는 방법에 대한 많은 글이 많다.

위수(渭水)에서 빈 낚싯대를 기울이며 세상으로 나아갈 날을 기다렸던 강태공. 그가 지었다고 하는 『육서』라는 병법서에 '장군을 고르는 8가지 원칙'이 나온다. 요즘 말하면 '훌륭한 인재를 고르는 방법'이라고 할 수 있다.

경쟁이 치열한 직장에서 누구나 인재로 인정받고 싶고 관리자로 발탁되고 싶을 것이다.

『육서』에서 말하는 8가지 항목은 다음과 같다.

첫째, 탁월한 전문 능력이 있어야 한다. 어떤 한 분야에 대해 질문을 던진 후 그 사람이 그 일에 관해 어느 정도의 상세한 지식을 가지고 있는지 관찰해 보면 알 수 있다는 것이다.

학벌이나 연줄이 아닌 실력이 가장 중요한 인재의 조건이다. 실력은 시간이 흐른다고 쌓여지는 것이 아니다. 자기 분야에 대한 끝없는 공부와 연구를 할 때 전문가로서 돋보일 수 있다.

둘째, 위기관리 능력이 있어야 한다.

『육서』에서는 위기 상황을 설정해 그 사람의 대처 능력을 살펴보라고 말한다. 산전수전 모두 겪은 인재는 위기에 강하다. 모두가 도망치고 주저앉을 때 어려움을 피하지 않고 부딪힐 수 있는 사람은 확실히 조직의 꽃이다.

셋째, 조직에 대한 충성이 있어야 한다.

능력 있는 사람이 결정적으로 조직을 배반하기도 한다. 앞에서만 잘하고 뒤돌아서면 언제든지 배신할 수 있는 사람은 인재가 아니다.

넷째, 인격과 도덕성이 있어야 한다.

『육서』는 인재를 고르기 위한 방법으로 그 사람의 인격을 관찰하라고 충고한다.

윤리와 도덕은 그의 능력을 더욱 돋보이게 한다. 물건을 하나 만들더라도 이것을 내 가족이 쓰는 물건이라고 생각하고 만든다면 그 조직은 흥할 수밖에 없다. 도덕성이 결여된 능력은 모래 위에 쌓은 누각과도 같다.

다섯째, 청렴해야 한다.

이를 시험하기 위해 재무관리를 맡기고 그 사람의 청렴함을 관찰해 보라고 한다. '돈 앞에 움직이지 않는 사람이 진정한 대장부다'라는 속담이 있다.

재물 앞에 흔들리지 않는 사람이면 조직을 이끌 자격이 있다. 돈 앞에 당당할 수 있어야 한다. 재물에 약하고 쉽게 흔들리는 사람이 마지막까지 남아 조직의 최고가 되는 경우는 극히 드물다.

여섯째, 정조가 있어야 한다.

여색으로 시험해서 그 사람의 정조를 관찰하라는 강태공의 말은 남자도 정조 관념이 있어야 인재가 될 수 있다는 것을 강조한다. 여색은 예나 지금이나 인재의 앞을 가로막는 걸림돌이다. 여색에 빠져 직분을 망각하고 결국 조직을 무너뜨린 예는 무수히 많다.

일곱째, 용기가 있어야 한다.

어려운 상황에 누구보다 먼저 다가갈 수 있는 용기가 있는 사람이 훌륭한 인재다. 조직의 위거에 자신은 뒤로 물러서면서 부하들만 앞장서라고 재촉하는 사람은 절대로 인재가 될 수 없다.

마지막으로, 술에 강해야 한다.

술은 사람을 취하게 만들고 정신을 흐리게 한다. 술에 미혹되면 판단이 흐려지게 마련이다. 술을 이기지 못하는 사람은 인재로서 결정적인 결점을 가지고 있는 사람이라고 할 수 있다. 그러나 요즘은 술을 못한다고 해서 큰 흠이 되진 않는다. 그래서 어떤 이들은 '술' 대신 '유혹'이라고 표현하기도 한다. 즉 모든 유혹으로부터 자기 자신을 지킬 수 있는 사람만이 조직의 리더가 될 자격이 있는 것이다.

인재를 고를 때 개인의 능력이 하루아침에 관찰되고 파악될 수 있는 것은 아니다. 인재는 오랜 시간이 지나 봐야 그 진가를 알 수 있다. 단기간에 자신을 잘 보이기 위해서 얼마든지 위의 8가지 조건을 꾸밀 수도 있기 때문이다.

 '먼 길을 가 봐야 천리마인지를 알 수 있고, 시간이 지나 봐야 인재를 알 수 있다'라는 속담이 있다. 오랜 기간이 지나면 사람은 반드시 실체를 드러내게 된다. 인재는 하루아침에 만들어지는 것이 아니라 오랜 세월을 두고 묵어야 함에 틀림없다.

---

*진목공(秦穆公)_ 춘추시대 진(秦)의 제9대 군주(재위 B.C. 660~B.C. 621). 덕공(德公)의 셋째 아들로 춘추 5패의 한 사람이다. 백리해 등을 등용해 국정을 정비하고, 동으로는 하서(河西)를 빼앗고, 서로는 서융(西戎)을 쳐 국세를 급격히 발전시켰다.
**백리해(百里奚)_ 우(虞)나라 출신으로 진(秦) 목공(穆公)에 의해 등용되어 진이 춘추오패 중 한 나라가 되는데 큰 공을 세운다.

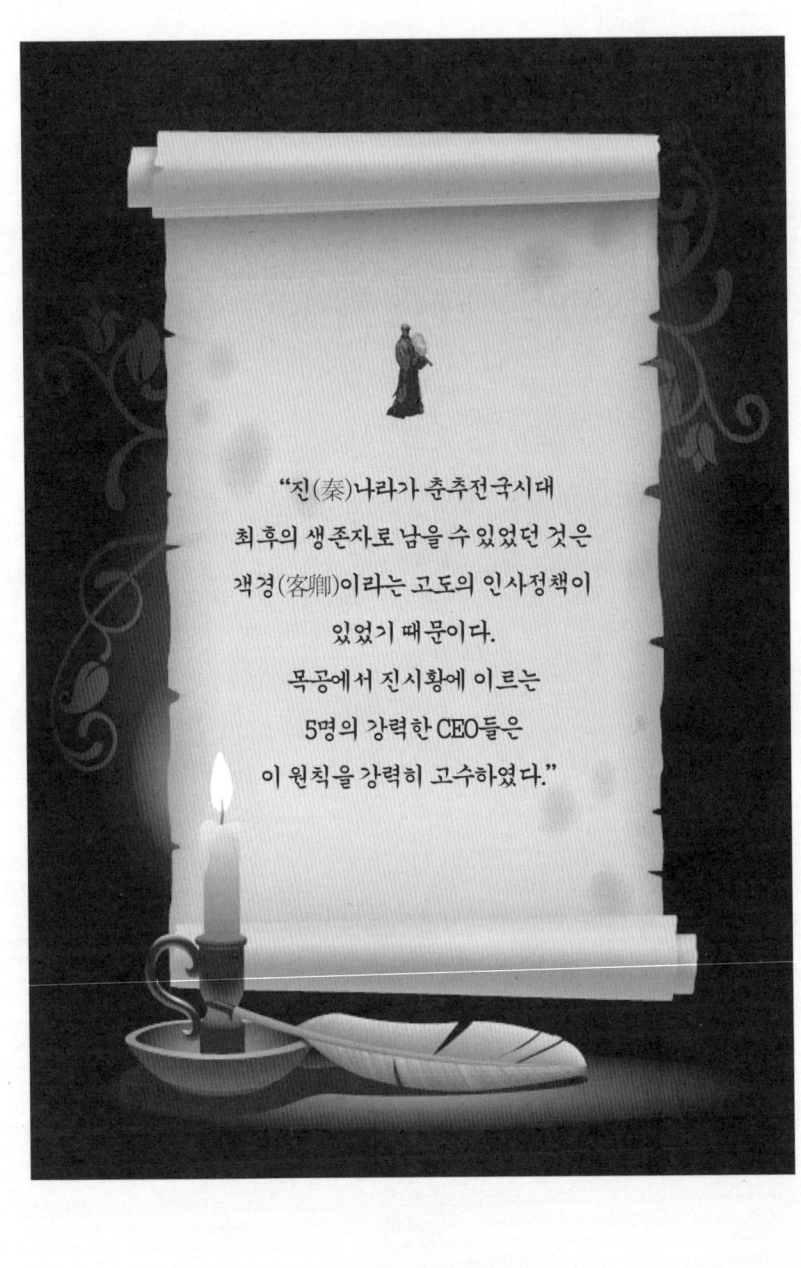

"진(秦)나라가 춘추전국시대
최후의 생존자로 남을 수 있었던 것은
객경(客卿)이라는 고도의 인사정책이
있었기 때문이다.
목공에서 진시황에 이르는
5명의 강력한 CEO들은
이 원칙을 강력히 고수하였다."

인재를 구하는 데 있어
어떤 조건도 두지 마라

河海不擇細流(하해불택세류) – '강과 바다는 개울물도 마다하
지 않는다'는 뜻으로, 큰 인물은 누구의 말이라도
잘 들어야 한다는 말. – 『戰國策』

　진나라가 아직 통일을 이루지 못했을 때, 한나라 사람 정국(鄭國)
이 진나라를 교란시킬 목적으로 대규모 관개수로 공사를 꾸미다가
그만 그 음모가 발각되고 말았다. 정국이 만들던 관개수로는 그 길
이만도 자그마치 3백 리에 이르는 대규모 공사로, 이는 진나라의 인
력과 비용을 탕진시켜 국력을 약화시키려는 한나라의 계략에 지나
지 않았다.

　이에 진나라 대신들은 하나같이 일어나 진시황에게 다음과 같이
간청하였다.

　"타국에서 온 자들은 진나라를 섬기는 척하지만 실은 군주와 신하
사이를 이간하려는 첩자들이 대부분이니 모두 추방시켜야 합니다."

그 결과, 타국인에 대한 이른바 축객령(逐客令)이 내려졌고, 진나라 출신이 아닌 모든 외국인은 보따리를 싸야 할 상황에 빠졌다. 이에 우나라 백리해, 송나라 건숙, 진(晉)의 공손지 등 그 동안 진 왕실을 위해 충성을 다했던 외국 출신 인재들의 공로 역시 물거품이 될 판이었다.

후에 통일 진 제국의 재상에 오른 이사(李斯) 역시 거기에 포함되어 있었다. 초나라 출신이었던 그는 당시 젊은 벼슬아치에 불과했지만 진시황에게 축객령을 거두라는 '간축객서(諫逐客書)'를 올린다.

이사는 진시황에게 다음과 같이 상서하였다.

"지금 관리들이 타국인의 추방을 주장하고 있습니다만 이는 분명히 잘못된 일입니다. 옛날에 목공은 인재를 구하면서 완 지방의 백리해를 비롯하여 융족의 유어, 송나라의 건숙 그리고 진(晉)나라의 비표와 공손지를 등용하였습니다. 이 다섯 사람은 비록 진나라에서 태어나지는 않았지만 목공은 그들을 중용하여 서융을 제압할 수 있었습니다.

또 효공은 상앙의 법을 채택하여 나라의 질서를 바로 잡았기 때문에 백성들은 부유해지고 국가는 부강해졌습니다. 그로 인해 제후들이 속속 복속하였고 초나라와 위나라를 격파하여 천 리의 영토를 넓혔기 때문에 오늘날까지 진나라가 융성함을 자랑할 수 있게 된 것입니다. 그리고 혜왕은 장의의 계책에 따라 삼천(三川)의 땅을 빼앗고 파촉을 병합하였으며 북으로 상군을 취하고 남으로는 한중을 취하였습니다.

뿐만 아니라 초나라의 언과 영을 점령하고 동쪽으로는 비옥한 성고의 땅을 빼앗았으며 진나라를 섬기도록 하여 그 공적이 오늘에 이르고 있습니다. 한편 소왕은 범저를 얻어 양후를 내쫓고 왕실의 권위를 높여 결국 주나라를 멸망시키고 진나라의 제업(帝業)을 이루도록 하였습니다. 이 네 분의 군주는 모두 타국인을 객경으로 중용하여 성공을 거뒀습니다. 만일 네 분의 군주가 타국인을 배척하여 등용하지 않고 인재를 멀리하였다면 진나라의 강대함은 결코 이뤄지지 못했을 것입니다.

반드시 진나라에서 나는 것이어야 한다면 정나라와 위나라의 여자를 후궁으로 둘 수 없고 아름답고 그윽한 조나라의 여자도 폐하 곁에 두실 수 없습니다. 이렇게 인물이 좋고 나쁨을 가리지 않고 진나라 사람이 아니면 물리치고, 타국인은 무조건 추방하시려고 한다면 결국 여색과 주옥은 다른 나라의 것을 받아들이면서도 인재만은 예외로 취급하는 것이 됩니다.

'땅이 넓으면 곡식이 많이 나고, 나라가 크면 백성이 많으며, 군대가 강하면 병사가 용감하다'는 말이 있습니다. 태산은 한줌의 흙도 버리지 않기 때문에 그렇게 클 수 있었던 것이고(태산불양토양 고능성기대, 泰山不讓土壤 故能成其大), 황하는 아무리 작은 시냇물이라도 마다하지 않았기 때문에 그렇게 깊을 수 있는 것입니다.

지금 진나라가 타국인을 무조건 추방시키는 것은 천하의 인재를 다른 나라로 가게 만들어 적을 이롭게 할 뿐입니다. '적에게 무기를 빌려주고, 도둑에게 식량을 대준다'는 말은 바로 이런 경우를 두고 하는 말입니다. 진실로 진나라에서 나지 않는 물건도 소중한 것이 많으며, 진나라에서 태어나지 않았으나 진나라에 충성하려는 사람들도 많습니다. 지금 타국인을 추방하려는 것은 적국을 이롭게 하고 원수를 도우는 격이며 이는 안으로는 스스로 인재를 버리고 밖으로는 제후들의 원한을 사는 행위가 아닐 수 없습니다. 이렇게 되면 아무리 나라가 부강과 발전을 원해도 결코 이뤄질 수 없습니다."

이사의 글에 크게 감명받은 진시황은 즉시 축객령을 취소하고 그를 복직시켰다. 그의 계책이 중용받은 것은 두말할 필요없다.

변방의 소국에 지나지 않았던 진나라가 천하를 통일할 수 있었던 가장 큰 이유는 천하의 인재들을 성공적으로 끌어들였기 때문이다. 상앙을 비롯하여 장의, 범저, 이사, 여불위 등 진나라를 이끌었던 중신 대부분이 다른 나라에서 온 이른바 '외인부대'였다는 사실이 이를 입증하고 있다.

진나라는 상앙의 '변법'에 의하여 군사주의로의 전환이 이뤄져 다른 나라의 군사력을 압도하게 되었고, 장의의 '연횡책'으로 6국 합종책을 분쇄하고 6국을 각개 격파하여 영토를 확장해 나갔으며, 나아가 범저의 '원교근공책'은 진나라의 우위를 확고하게 정착시킨 전략이 되었다. 또 이사의 '법가사상과 적국에 대한 이간 및 약화 공작은 천하통일을 앞당기는 중요한 정책이 되었다.

이처럼 진(秦)나라가 춘추전국시대 최후의 생존자로 남을 수 있었던 것은 고도의 인사정책이 있었기 때문이다. 출신과 성분, 배경을 가리지 않는 객경(客卿)이라는 개방형 인사 시스템이 바로 진나라를 강하게 만든 힘이었다. 목공(穆公)에서 진시황(秦始皇)에 이르는 5명의 강력한 CEO들은 이 원칙을 강력히 고수하였다.

『한비자(韓非子)』에 '맹구지환(猛狗之患)'이라는 고사가 나온다. '사나운 개가 있는 가게에는 손님이 오지 않는다'는 이야기이다. 마찬가지로 조직에도 사나운 개(猛狗)가 있다면 인재가 오지 않는다.

가장 훌륭한 인사정책은 적재적소에 필요한 인재들을 뽑아 쓰는 것이다. 문제는 어떻게 그들을 구하느냐에 달려 있다.

중요한 것은 리더 스스로 사람을 보는 안목을 기르는 것이겠지만 그보다 더 중요한 것은 많은 인재풀을 확보하는 것이다.

인재를 가리지 마라. 그것이야말로 조직을 가장 강하게 만드는 비결이다.

*이사(李斯)_ 진나라의 승상. 법가에 그 사상적 기반을 두어 도량형의 통일, 분서 등을 실시하여, 진시황을 노와 신의 법지주의 기반을 확립히는 데 큰 기여를 하였다. 시황제 사후 조고와의 권력 싸움에 져서 살해되었다.

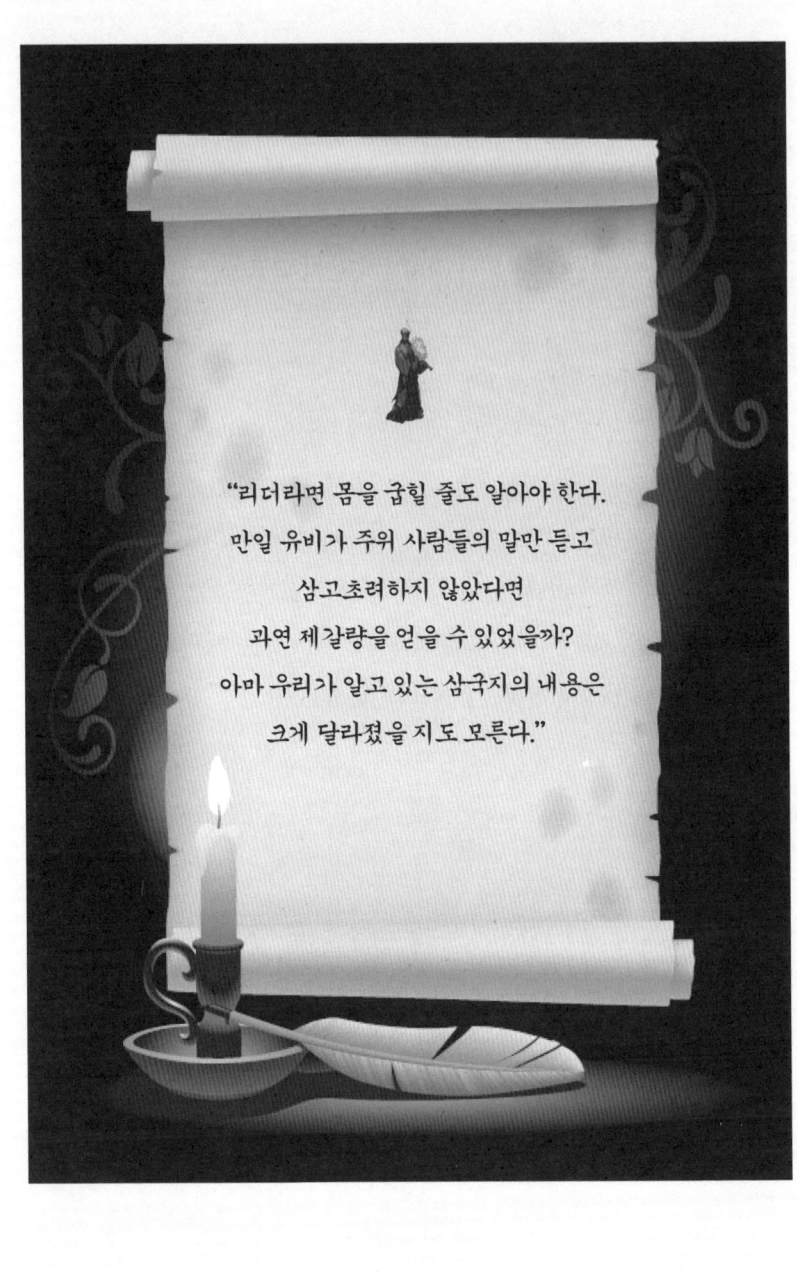

"리더라면 몸을 굽힐 줄도 알아야 한다.
만일 유비가 주위 사람들의 말만 듣고
삼고초려하지 않았다면
과연 제갈량을 얻을 수 있었을까?
아마 우리가 알고 있는 삼국지의 내용은
크게 달라졌을 지도 모른다."

리더의 능력은 인재를 보는 눈에 달려 있다

三顧草廬(삼고초려) – '유비가 제갈량을 세 번이나 찾아가 군사
(軍師)로 초빙한 데서 유래한 말'로, 훌륭한 인재를 얻기 위해
끊임없이 노력한다는 말. – 『三國志』제갈량전

　위나라 공자(公子) 신릉군(信陵君)은 전국시대 4공자(맹상군, 평
원군, 신릉군, 춘신군) 중 한 사람으로 인의(仁義)를 중시하고 덕(德)
을 강조한 인물이다. 그는 재능과 덕망이 맹상군, 평원군, 춘신군에
비해 훨씬 뛰어났다. 이에 사마천은 모든 힘을 쏟아부어 그의 열전
을 저술하였다.

　『사기』'위공자열전' 중 '공자(公子)'라는 용어가 모두 140여 곳에
걸쳐 언급되고 있는 사실만으로도 사마천이 얼마나 신릉군을 존중
했는지 알 수 있다.

　신릉군이 살던 당시 위나라에 후영(侯嬴)이라는 선비가 숨어 살
고 있었다. 그는 나이가 일흔에 가까웠지만 집이 가난하여 대량의

이문(夷門)을 지키는 문지기로 있었다. 하지만 덕이 있어 사람들에게 큰 존경을 받았다.

그 소문을 들은 신릉군은 그를 초빙하려고 후한 재물을 보냈으나 후영은 한사코 이를 사양하며 다음과 같이 말하였다.

"몸을 닦고 행실을 깨끗이 한 지 수십 년, 성문을 지키며 가난하게 산다는 이유만으로 공자의 재물을 받을 순 없습니다."

이에 크게 감동한 신릉군은 연회를 열어 손님들을 많이 모이게 한 후 손수 수레를 몰아 직접 후영을 찾아갔다. 그러자 후영 역시 더 이상 사양하지 않았다.

그는 다 떨어진 의관을 정제하고 신릉군보다 상석에 앉아 다음과 같이 얘기하였다.

"시장 도살장에 친구가 하나 사는데 그곳을 지나갔으면 합니다."

신릉군은 더욱 예를 갖추었고 수레를 몰고 시장 안으로 들어갔다. 이윽고 친구 주해(朱亥)를 만난 후영은 일부러 오랫동안 서서 그와 이야기를 나누며 신릉군의 안색을 살폈다. 그러나 신릉군은 온화하기 그지없었다. 그러자 시장 사람들 모두가 신릉군이 말고삐를 쥐고 있는 것을 보고, 후생을 가리켜 버릇없는 사람이라며 욕하기 시작하였다. 이윽고 신릉군의 안색이 끝까지 변하지 않는 것을 본 후영은 비로소 친구와 이별하고 다시 수레에 올랐다.

집에 도착하자 신릉군은 후영을 상석에 앉게 한 후 빈객들을 차례대로 소개하였다. 이에 후영이 다음과 같이 말하였다.

"저는 오늘 공자를 위해서 힘을 다한 것으로 충분하다고 생각합니다. 늙고 병든 하찮은 신분임에도 친히 수레를 끌고 오셔서 예를 갖춰 저를 맞아주셨고, 일부러 수레를 오랫동안 시장 한 가운데 세워두게 하였음에도 불구하고 화를 내기는 커녕 더욱 더 공손해하실 뿐이었습니다. 이에 시장 사람들은 저를 소인이라고 하고 공자를 덕행이 있으면서 선비에게 몸을 낮추는 존귀하신 분이라고 생각했을 것입니다. 이 모두가 공자가 덕망이 있기 때문입니다.”

이에 크게 감명 받은 신릉군은 후영을 평생 상객(上客)으로 모셨다.

위나라의 왕족이었던 신릉군은 제나라의 맹상군, 초나라의 춘신군, 조나라의 평원군과 함께 전국시대 사군(四君) 중 한 명이었다.

사군은 전국시대 인재 공급처였다. 하지만 신릉군은 다른 세 군과 달리 직접 인재를 구하러 다녔다. 그렇게 해서 역사(力士) ‘주해’는 물론 도박하는 무리 속에 있던 ‘모공’, 술꾼들 틈에 끼어 있던 ‘설공’ 등을 얻을 수 있었다.

사마천은『사기』에서 ‘일흔’의 후영을 얻기 위해 신릉군이 몸소 마차를 몰며 마부 행세를 했음을 여러 차례 강조했다.

한고조 유방 역시 신릉군의 묘소에 집 다섯 채를 지어 묘지기가 상주하도록 했고 매년 제사를 지내도록 하였다. 지위고하를 막론하고 인재를 직접 찾아 나선 신릉군의 인격을 흠모하고 배우고 싶었기 때문이다.

신릉군이 후영을 모시기 위해 직접 찾아간 것을 보면 유비가 제 갈공명을 얻기 위해 삼고초려했던 모습이 떠오른다.

그는 관우, 장비와 의형제를 맺고 한실(漢室) 부흥을 위해 군사를 일으켰지만 군기를 잡고 계책을 세워 군을 통솔할 군사(軍師)가 없어 늘 패배를 면치 못하였다.

어느 날 유비가 은사인 사마휘(司馬徽)에게 군사를 천거해 달라고 청하자, 사마휘는 다음과 같이 말하였다.

"복룡(伏龍)이나 봉추(鳳雛) 중 한 사람만 얻으시오."

"복룡은 누구고, 봉추는 누구입니까?"

유비가 되묻자 사마휘는 말끝을 흐린 채 더이상 대답하지 않았다.

그 후 제갈량이 복룡인 것을 안 유비는 즉시 수레에 예물을 가득 싣고 양양 땅에 있는 그의 초가집을 두 번이나 찾아갔지만 그를 만날 수 없었다. 이에 함께 갔던 관우와 장비가 불평을 터뜨렸다. 그러나 유비는 단념하지 않고 다시 제갈량을 방문해 군사가 되어줄 것을 청하였다. 삼고초려(三顧草廬)라는 고사성어는 여기서 유래하였다.

유비의 겸손과 지극정성에 감동한 제갈량은 마침내 유비의 군사가 되었고 그를 도와 적벽대전(赤壁大戰)에서 조조의 100만 대군을 격파하는 등 수많은 전공을 세웠다.

리더라면 인재를 구할 때 몸을 굽힐 줄도 알아야 한다. 만일 유비가 주위 사람들의 말만 듣고 삼고초려하지 않았다면 과연 제갈량을 얻을 수 있었을까. 아마 우리가 알고 있는 삼국지의 내용은 크게 달라졌을 지도 모른다.

'인재는 얻기도 어렵고, 알기는 더더욱 어려운 법이다. 이는 예로 부터 수많은 인재들을 만나본 사람들이 얘기하는 공통된 진리이다.

---

*신릉군(信陵君) 전국시대 위나라 사람으로 위소왕(魏昭王)의 아들. 조나라 평원군, 제나라 맹상군, 초나라 춘신군과 함께 전국시대 4공자로 불린다.

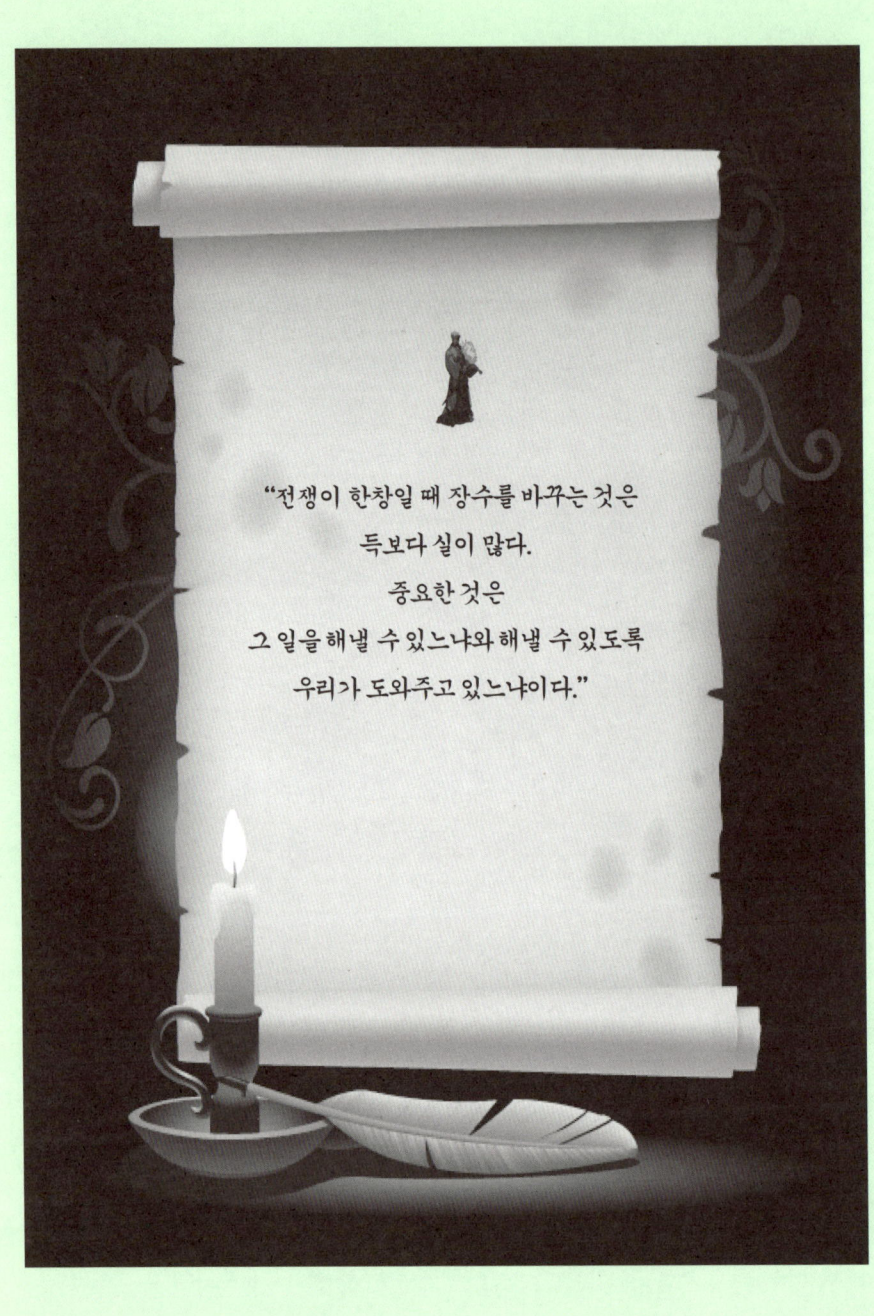

"전쟁이 한창일 때 장수를 바꾸는 것은
득보다 실이 많다.
중요한 것은
그 일을 해낼 수 있느냐와 해낼 수 있도록
우리가 도와주고 있느냐이다."

세상에 쓸모없는 사람은 없다

鷄鳴狗盜(계명구도) – '닭 울음소리와 개 흉내를 잘 내는 좀도둑'
이란 뜻으로, 하찮은 재주를 가진 사람도 언젠가는
쓸모가 있다는 말. – 『史記』 맹상군전

중국 전국시대 제나라 맹상군은 숱한 일화를 남긴 공자(公子)로
유명하다.

제나라 민왕 25년 진나라는 맹상군에게 자신의 나라를 방문해줄
것을 강력히 요청하였다. 그 이면에는 약소국인 제나라의 맹상군을
재상으로 삼으려는 진나라 소왕의 계략이 깔려 있었다. 하지만 막상
그를 재상으로 삼으려고 하자, 한 신하가 이를 만류하고 나섰다.

"맹상군은 현명하지만 제나라 사람입니다. 그러니 진나라의 재상
이 된다 하더라도 반드시 제나라를 먼저 생각하고 그 연후에 비로소
진나라를 생각하게 될 것입니다. 따라서 그렇게 되면 진나라가 위험
에 직면하지 않을까 걱정됩니다."

이 말을 들은 소왕은 맹상군을 재상으로 임명하려던 계획을 취소하였다. 뿐만 아니라 맹상군을 감옥에 가두고 아예 죽여서 후환을 없애고자 하였다.

이에 맹상군은 사람을 통해 소왕의 총애를 받는 후궁을 만나 도움을 간청하였다. 하지만 일이 꼬이고 말았다.

후궁은 "맹상군이 가지고 왔던 흰여우 가죽옷을 갖고 싶다"고 했다. 당시 맹상군은 흰여우 가죽옷을 한 벌 가지고 있었는데 값이 천금이나 나가고 천하에 비길 데 없는 진귀한 물건이었다. 그러나 그 옷은 이미 진나라에 들어올 때 소왕에게 바친 뒤였다. 이에 맹상군은 같이 간 식객들에게 좋은 방법이 없겠느냐고 물었다. 그러나 모두 묵묵부답, 침묵만 지킬 뿐이었다.

그때 제일 말석(末席)에 앉아서 개마냥 도적질이나 일삼던 식객이 말문을 열었다.

"제가 그것을 가지고 오겠습니다."

그날 밤 그는 진나라 왕궁 창고에 몰래 들어가 맹상군이 소왕에게 바쳤던 흰여우 가죽옷을 훔쳐 가지고 나와 후궁에게 바쳤다. 그러자 그녀는 즉시 소왕에게 달려가 맹상군을 풀어달라고 간청하였다.

이에 가까스로 풀려난 맹상군은 서둘러 진나라를 떠났다. 진나라 소왕은 뒤늦게 속은 것을 알고 그를 수소문하였지만 이미 멀리 달아난 뒤였다. 소왕은 즉시 군대를 풀어 그를 뒤쫓게 하였다.

한편 맹상군은 그때 이미 함곡관에 도착했지만 닭이 울기 전에는 관문이 열리지 않아 나갈 수 없었다. 그때 말석(末席)에 있던 식객

중 닭울음소리를 잘 흉내내는 자가 있어 그가 닭울음소리를 내자 인근의 다른 닭들이 모두 함께 울었다. 마침내 함곡관의 관문이 활짝 열렸고 일행은 무사히 빠져나올 수 있었다. 잠시 후 진나라의 추격병들이 함곡관에 도착했지만 이미 맹상군이 떠난 뒤였다(이때 닭울음소리(鷄鳴)와 개와 같이 도적질을 하는 자(狗盜) 때문에 맹상군이 목숨을 건진 것을 두고 후세 사람들이 '계명구도(鷄鳴狗盜)'라고 일컫게 되었다).

일찍이 맹상군이 닭울음소리를 잘 흉내내는 사람과 도적질하는 자를 식객으로 맞아 들였을 때 다른 식객들은 그들과 함께 밥을 먹고 같은 자리에 앉는 것조차 커다란 수치로 생각하였다. 그러나 그가 진나라에 들어가 정작 어려움을 당했을 때 결국 그 두 사람이 그를 살려냈다. 이에 모든 식객들은 맹상군의 사람 보는 눈을 다시 보게 되었다.

『한비자』'설림' 상편을 보면 제나라 관중이 철군 중에 한겨울 추운 산속에서 길을 잃어 우왕좌왕할 때 관중이 늙은 말의 지혜로 길을 찾은 이야기나 다윗왕이 적군에 쫓겨 동굴 속에 피신했을 때 추격병들이 동굴 입구에 처진 거미줄을 보고 철군해 목숨을 구했다는 탈무드의 이야기처럼 인재의 가치를 발굴하는 것은 그야말로 쉽지 않은 일이다.

그러나 인재를 잘 쓰기는 더 어렵다.

일본 경제기획청 장관을 역임한 사카이야 다이치는 저서『조직의 성쇠』에서 유방이 승리한 비결로 인재의 적재적소 배치를 들었다. 최전선 전투에 있어서는 한신, 전략과 전술에 있어서는 장량, 민심 수렴과 병참에는 소하라는 명신들을 제대로 활용할 줄 알았기 때문에 항우와 치른 전쟁에서 최종적으로 승리할 수 있었다는 것이다. 하지만 실제에 있어 가장 어려운 일은 인재들이 능력을 발휘할 수 있도록 기다려주는 것이다.

우리 역사상 가장 위대한 성군으로 추앙받는 세종대왕은 발탁한 인재들이 최고의 능력을 발휘할 수 있도록 최대한 기다려줄 줄 알았다. 이러한 기다림의 용인술 덕분에 초기에 실수가 많았던 황희나 맹사성이 정승 9단으로 거듭날 수 있었고, 대왕의 치세가 조선왕조 500년 동안 가장 빛난 시기가 될 수 있었던 것이다.

'인사가 만사'라는 말이 있듯이 인재를 발굴하고 배치하고 또 역량을 발휘할 때까지 기다려주는 일은 고도의 테크닉을 요하는 일이다. 그런데 우리 사회에서 한 번 발탁된 인재에 대해 조금만 문제가 있어도 이러쿵저러쿵하는 풍토가 만연해 있다. 자기 마음에 들지 않으면 시기와 질투를 하고 음해해서 끌어내리기에 바쁘다.

하지만 전쟁이 한창일 때 장수를 바꾸는 것은 득보다 실이 많다. 중요한 것은 그 일을 해낼 수 있느냐와 해낼 수 있도록 우리가 도와주고 있느냐이다. 지금은 시간을 두고 지켜보는 것과 용기를 북돋아주는 것이 필요하다.

세상에 쓸모없는 사람은 없는 법이다. 주위에 있는 사람이 지금 당장은 못나 보이고 뒤떨어지는 행동을 보일지라도 그 사람을 무시해선 안 된다.

혹시 아는가. 언젠가 그 사람이 우리를 깜짝 놀라게 하는 사람으로 변할 지.

---

*맹상군(孟嘗君) _ 전국시대 제나라의 재상으로, 초나라 춘신군, 조나라 평원군, 위나라 신릉군과 더불어 전국시대 말기의 사군으로 불린다.

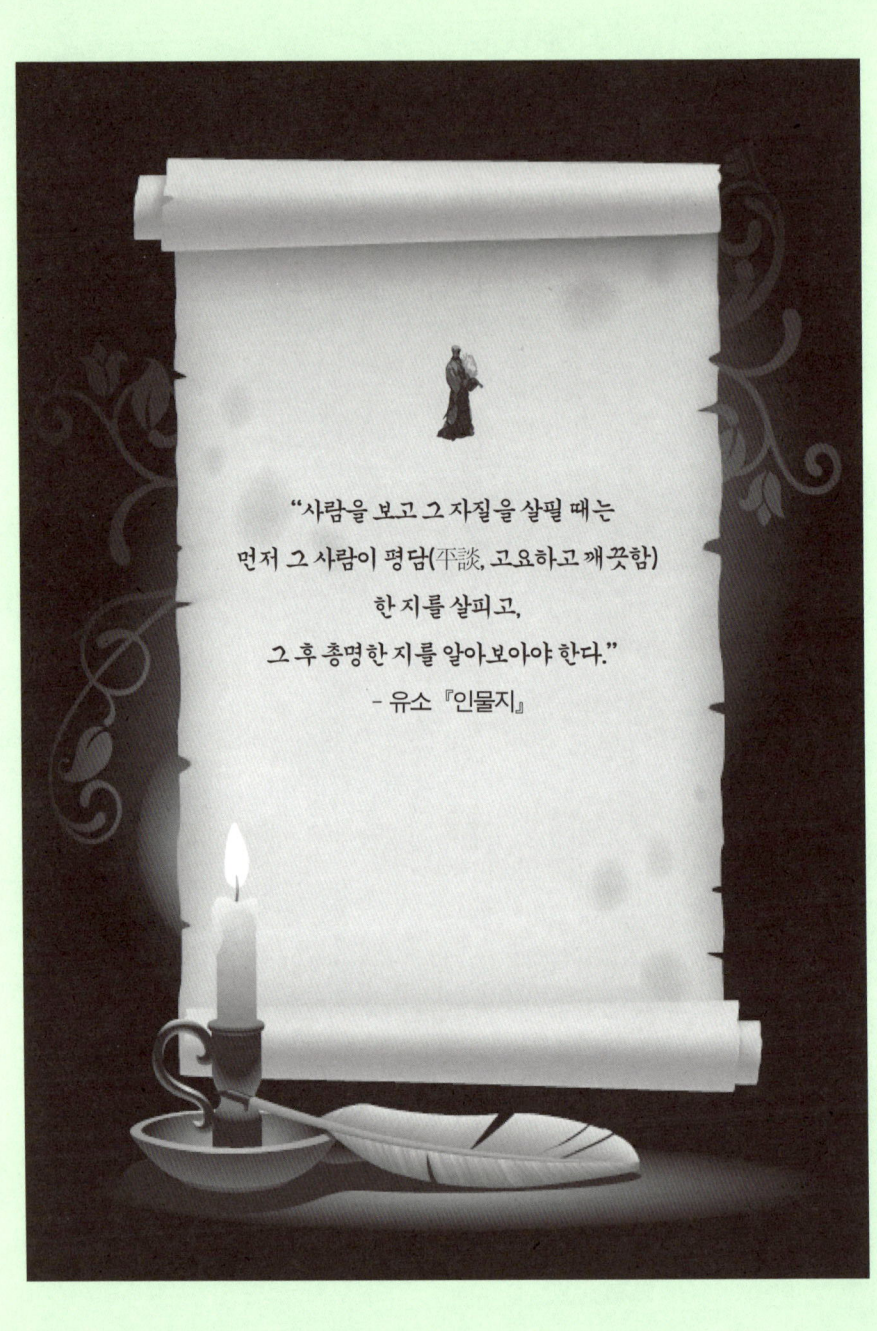

"사람을 보고 그 자질을 살필 때는
먼저 그 사람이 평담(平談, 고요하고 깨끗함)
한 지를 살피고,
그 후 총명한 지를 알아보아야 한다."
- 유소 『인물지』

사람을 관찰하는 8가지 방법

『인물지(人物志)』 - 인재 등용 및 평가방법, 평가의 오류,
적재적소 배치방법 등을 요약, 정리한 인사 전문서적.
역대 중국 정부의 인사행정 교과서로 사용됨.

한고조 유방은 항우와 벌인 수십 차례의 전투에서 연패하다가 마지막 단 한 번의 전쟁에서 승리를 거둬 천하를 손에 넣었다. 그가 천하무적 항우에게 승리를 거둘 수 있었던 이유는 뭘까. 천하를 통일한 뒤 연회를 베푼 자리에서 그가 물었다.

"여러 제후와 장군들은 나를 속일 생각을 하지 말고 모두 속마음을 그대로 이야기해보시오. 과연 짐이 천하를 얻을 수 있었던 까닭은 무엇이며, 항씨가 천하를 잃은 것은 과연 무엇 때문이라고 생각하시오?"

옆에 있던 고기(高起)와 왕릉(王陵)이 먼저 대답하였다.

"폐하께서는 오만하여 다른 사람을 모욕하고, 항우는 인자하여 다른 사람을 사랑합니다. 또 폐하께서는 사람을 파견하여 성을 공략하고, 땅을 점령하게 하고, 그곳을 그에게 봉하고, 능히 천하 사람들과 이익을 함께 나누십니다. 반면, 항우는 현명하고 능력 있는 사람을 질투하고 공이 있는 자를 해치며, 현명한 자는 의심을 받고 전쟁에 이겨도 논공행상을 하지 않으며, 노획한 땅도 나누지 않습니다. 이것이 바로 폐하가 천하를 얻을 수 있었던 이유이자, 항우가 천하를 잃은 까닭입니다."

그러자 고조가 웃으며 말하였다.

"그대들은 하나만 알고 둘은 모르오. 군영의 장막 안에서 전략 전술을 세워 천리 밖에서 승리를 결정짓는 일(運籌策帷帳之中 決勝于千里之外)에는 내가 장량만 못하며, 나라를 진수(鎭守, 군대를 주재시켜 요처를 지키는 일)시키고 백성들을 위무하며 군량을 공급하고 운송로가 끊이지 않게 하는 일에는 내가 소하(蕭何)만 못하오. 또 백만 대군을 통솔하여 싸우면 반드시 승리하고 공격을 하면 반드시 점령하는 일에서는 내가 한신만 못하오. 이 세 사람은 모두 호걸 중의 호걸이오. 그러니 내가 그들을 능히 임용했다는 것, 바로 이것이 내가 천하를 얻을 수 있었던 원인이오. 또 항우에게는 범증 한 사람이 있었으나 그를 임용할 수 없었소. 바로 이것이 항우가 나에게 사로잡혀 죽은 원인이오."

『사기』 고조본기에 나오는 이야기다. 여기서 '하나만 알고 둘은 모른다(只知其一 不知其二)'는 말이 나왔다. 사물의 한 측면만 보고 두루 보지 못한다는 뜻이다.

위 이야기는 한고조 유방이 자신의 장점을 말한 것으로, 천하를 다스리는 일은 어느 하나만 잘해서 되는 것이 아니라, 여러 분야에서 뛰어난 인재들을 이끌어야만 가능하다는 것을 말하고 있다.

지나친 애주가요, 속이 좁고, 질투심이 많아 유랑생활까지 해야 했던 한고조는 자신의 약점에 대해서 누구보다도 잘 알고 있었고, 그것이 천하를 제패하는 데 있어 불리하게 작용할 것이라고 생각했다. 이에 인재 등용을 통해 자신의 약점을 철저히 보완하였고, 항우를 물리치고 천하를 제패할 수 있었다.

중국 통치자들의 필독 인사(人事) 교과서인 『인물지』에는 사람을 알아보는 방법을 제시하고 있다.

원래 『인물지』는 조조의 참모였던 유소가 쓴 것으로 중국 역대 황제 중 최고의 통치술을 인정받은 당 태종 이세민과 강희제, 주원장이 인사 교과서로 삼았던 책이다.

유소는 이 책에서 사람을 알아보는 방법으로 '사람을 보고 그 자질을 살필 때는 먼저 그 사람이 평담(平談, 고요하고 깨끗함)한 지를 살피고 그 후 총명한 지를 알아보아야 한다'라고 적고 있다.

여기서 '평담'이란 '전체적인 인격의 균형과 조화'를 의미한다. 즉 사람이 얼마나 인격적으로 조화와 균형을 갖고 있느냐가 사람을 보는데 있어 가장 중요하다는 것이다.

『인물지』는 사람을 관찰하는 8가지 방법에 대해 말하고 있다. 그중 몇 가지만 살펴보면 다음과 같다.

먼저, 뛰어난 재질을 관찰해서 그가 얻은 명성의 근거를 파악해야 한다고 했다. 그리고 단점을 파악해 역으로 그가 가진 장점을 파악하고, 행위의 동기를 관찰해 사이비 인물은 아닌지 가려내야 한다고 했다. 그러면서 주어진 상황이나 말에 대해 어떻게 반응하는지를 보고 그가 가진 뜻과 자질을 판단하는 한편 감정의 미세한 움직임을 포착해 군자인지 소인인지를 가려내야 한다고 했다.

예를 들면 소인은 마음속으로 이루고자 하는 것을 도와주면 기뻐하고, 재능을 펼치지 못하고 뜻한 바를 이루지 못하면 원망한다. 이때 기뻐하고 원망하는 그 근거를 파악하면 역으로 그가 지향하는 바가 무엇인지를 파악할 수 있다. 물질에 기뻐하고 원망하는 사람인지, 아니면 명예에 기뻐하고 원망하는 사람인지 구별할 수 있다는 것이다.

*한고조 유방(漢高祖 劉邦) _ 진나라의 장수이며, 기원전 206년 한나라를 건국하였다. 기원전 202년 항우(項羽)를 격파하고 중국을 통일하였다. 일반적으로 한고조(高祖)라고 부른다. 1911년까지 유지되었던 중국 황제제도의 특징 대부분이 그의 시기에 만들어졌다.

그릇의 크기

多多益善(다다익선) - '많으면 많을수록 더욱 좋다'는 말.
- 『**史記**』 회음후전

한고조 유방은 천하를 통일한 뒤 정권을 안정시키기 위해 세력있는 개국 공신들을 차례대로 숙청하였다. 일등 공신이었던 한신(韓信) 역시 이를 피할 수 없었다.

초왕(楚王) 한신은 천하통일의 일등공신으로 항우군의 토벌에 결정석인 공헌을 하였지만, 한 왕실의 입장에서 보면 보통 위험한 존재가 아닐 수 없었다. 그는 본래 항우의 수하에 있다가 유방이 촉으로 들어간 후 한나라에 귀순한 인물이었고, 제(齊)나라를 정복하였을 때는 스스로 제왕에 즉위하였으며, 초에 들어가서는 항우의 장수였던 종리매(鍾離昧)를 비호하기도 하였다.

이에 유방은 계략을 써 그를 포박한 후 장안으로 압송하고는 회음

후로 좌천시켰다.

유방이 한신과 장수의 그릇에 대해 얘기하며 물었다.

"나 같은 사람은 얼마큼 군사를 거느릴 수 있겠는가?"

"폐하께서는 한 10만 명쯤 거느릴 수 있을 것 같사옵니다."

"그렇다면 그대는 어떠한가?"

"신은 신축자재해 많으면 많을수록 더욱 좋습니다(多多益善, '다다익선'이라는 말은 이로부터 유래되었다)."

그러자 유방이 웃으며 반문하였다.

"그런데 그대는 어째서 10만 명의 장수감에 불과한 나의 포로가 되었는가?"

이에 한신은 다음과 같이 대답하였다.

"폐하는 병사의 장수가 아니라, (장수를 잘 쓰는) 장의 장입니다. 이것이 신이 폐하의 포로가 된 이유입니다."

많은 병사들을 다스릴 줄 아는 능력과 장군을 다스릴 능력이 서로 다른 것이다. 이것이 바로 '그릇의 차이'이다.

사람은 저마다 '능력의 차이'가 있다. 그리고 같은 능력을 가지고 있다 하더라도 이미 한계에 도달한 사람이 있는 반면, 앞으로 더욱 발전할 수 있는 사람도 있다. 이는 각자의 그릇이 다르기 때문이다.

작은 그릇을 가진 사람은 조금 채우고 나면 아무리 더 담고 싶어도 더 이상 담을 수 없다. 그러나 큰 그릇을 가진 사람은 담는 대로 모두 받아들여 차후에 큰 역량을 발휘할 수 있게 된다.

따라서 자신의 역량도 살피지 않은 채 무작정 채우려고만 하지 말고 우선 자신의 그릇을 키우는 데에 힘써야 한다.

인재를 등용하는 데 있어서 역시 그 사람의 그릇의 크기를 잘 살펴 그에 걸맞는 일을 맡겨야 한다. 그릇이 작은 사람에게 큰일을 맡기면 아무리 노력해도 성과를 낼 수 없기 때문이다. 또한 그릇이 큰 사람에게 작은 일을 맡기면 이 역시 제대로 될 리 없다.

이승소의 『경해당기(傾海堂記)』를 보면 다음과 같은 내용이 있다.

그릇이 큰 사람은 작게 받아들일 수 없고(器之大者 不可以小受)그릇이 작은 사람은 크게 받아들일 수 없다(器之小者 不可以大受).

---

*한신(韓信)   한나라의 장수. 유방의 부하로 수많은 싸움에서 승리해 유방의 패권을 결정지었다. 장량, 소하와 함께 유방 부하의 삼걸 중의 한 명이기도 하며, 세계 군사 사상의 명장으로도 알려져 있다.

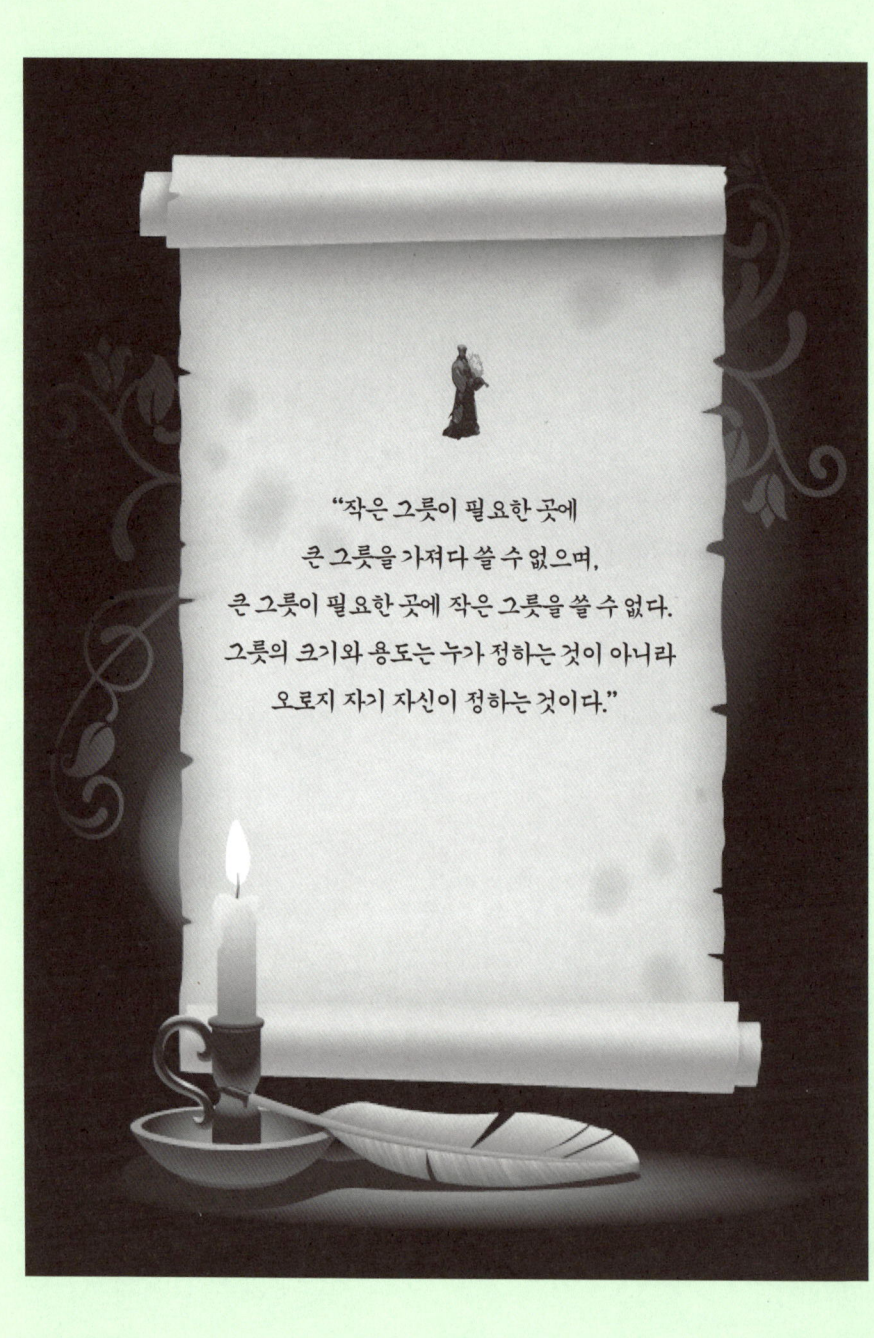

"작은 그릇이 필요한 곳에
큰 그릇을 가져다 쓸 수 없으며,
큰 그릇이 필요한 곳에 작은 그릇을 쓸 수 없다.
그릇의 크기와 용도는 누가 정하는 것이 아니라
오로지 자기 자신이 정하는 것이다."

자리가다르면하는일도다르다

各在其所(각재기소) - '누구나 있어야 할 자리가 있다'란 뜻으로,
모든 물건, 모든 사람은 제자리에 있어야 아름답고
제 가치를 찾을 수 있다는 말. - 『中庸』

　한나라 시대, 새로 즉위한 문제(文帝)는 주발 장군이 여씨 토벌에 가장 큰 공로가 있었으므로 그를 일등공신으로 삼고자 하였다. 이 사실을 안 진평은 우승상 자리를 주발에게 양보하기로 하고, 몸이 아프다는 핑계를 대고 사직을 청원하였다.

　"갑자기 아프다며 사임하겠다니 대체 무슨 이유요?"

　갑자기 사직을 청하는 진평을 향해 문제가 물었다.

　"예, 황공스러운 말씀이오나 옛날 고조 때는 저의 공적이 주발을 앞섰습니다. 그러나 여씨 토벌에는 주발을 따라가지 못합니다. 이에 사직을 청하는 것입니다."

　결국 문제는 주발을 우승상에 임명하고, 진평을 좌승상에 임명해

제2위의 서열로 강등시켰다.

사실 진평은 젊었을 때 유방의 막하 장수로서 작전계획을 짜는 일을 맡았었고, 초왕 항우에게서 유방을 여섯 차례나 구한 명참모였다.

어느 날 조례에서 문제가 주발에게 물었다.

"우승상, 재판은 전국적으로 몇 건쯤 있는가?"

그러자 주발의 얼굴빛이 빨갛게 달아올랐다.

"제가 미처 그것을 알지 못했습니다."

"그럼 국고는 연간 얼마나 되는가?"

"그것도 모르겠나이다. 죄송합니다."

주발은 온몸에 식은땀이 연신 흘러 내렸다. 잠시 후 문제가 이번에는 진평을 향해 물었다. 하지만 진평의 대답은 매우 간단했다.

"그러한 문제들은 모두 주관하는 관리가 따로 있습니다."

"주관하는 관리는 누구인가?"

"재판은 정위가 있사오며, 국고에 대해서는 치속내사가 있사옵니다."

"각각의 업무에 주관하는 관리가 있다면, 도대체 그대가 주관하는 일은 무엇인가?"

"삼가 말씀드리옵니다. 모름지기 재상이라는 자리는 위로는 황제를 보좌하며 아래로는 모든 만물을 잘살게 할 임무를 가지고 있습니다. 또 바깥으로는 사방의 오랑캐와 제후들을 다스리고, 안으로는 만민을 다스리며 뭇 관리들에게 그 직책을 완수시키는 자리입니다."

문제는 그 말을 듣고는 "정말 훌륭한 답변이오"라면서 진평을 칭찬하였다.

그러자 주발은 크게 부끄러워하며 진평을 향해 이렇게 말하였다.

"그대는 어찌하여 평소에 내게 그렇게 대답하기를 가르쳐주지 않았소?"

그러자 진평은 웃으며 "그대는 승상의 자리에 있으면서도 승상의 임무를 모르시오? 만약 폐하께서 장안의 도적 수를 물으셨다면 억지로 대답하려고 하였소?"라고 반문하였다.

이에 주발은 자신의 능력이 진평에 훨씬 미치지 못함을 알고 병을 핑계 삼아 사직을 청하였다. 이로써 진평이 유일한 승상이 되었다.

한편 사마천은 『사기』에서 진평에 대해서 이렇게 평하였다.

"진평은 마지막에 고조의 막하에 몸을 의탁하고 항상 뛰어난 계책을 짜내어 분규와 나라의 환난을 구했다. 여후의 시대는 바야흐로 다사다난했다. 그러자 진평은 스스로의 활약으로 위난을 벗어나 한나라의 종묘를 편안케 하고 명예롭게 생애를 마쳐 어진 재상으로 찬양받았다."

'각재기소(各在其所)'라는 말이 있다. 어떤 존재이건 각각 있어야 할 자리가 있다는 뜻이다. 모든 물건, 모든 사람은 제 자리에 있어야 아름답고, 제 가치를 찾을 수 있다. 아무 곳에나 놓여서는 안 된다.

아무리 좋은 물건이라도 아무렇게나 놓아둔다면 그 가치를 잃을 수밖에 없기 때문이다.

『중용』에 '군자시중(君子時中)'이란 말이 있다. '군자는 때를 알아야 한다'는 뜻이다. 밥을 먹을 때 먹어야 하고, 울 때는 울어야 한다. 이것이 사람 노릇을 하는 것이고, 이것이 바로 도(道)이다.

그러나 사람은 누구나 좋은 자리에 있고 싶어 하기에 어울리지 않는 자리에 억지로 앉으려 한다. 자기가 누구인지를 알아야만 앉을 자리를 알게 되는 것이다. 결국 무슨 물건이며 어디에 쓰는 것인지를 모른다면 아무데도 놓일 수 없고 아무것에도 쓸 수 없다. 근본으로 자기가 누구인지를 알아야만 한다.

내 자리가 아닌데도 앉아있는 경우도 있고, 남의 자리를 탐내는 경우도 있으며, 전혀 분수에 맞지 않는 과욕을 부리는 경우도 있다.

누구나 좋은 자리에 있고 싶어 한다. 그래서 어울리지 않는 자리에 억지로 앉아 있는 사람도 있다. 하지만 그것은 잠시의 쾌락일 뿐 곧 자리가 주는 고통을 느끼기 시작한다.

자기가 누구인지를 알아야만 한다. '강북에 가면 탱자가 되고 강남에 가면 귤이 된다'는 말이 있다. 그 물건 혹은 사람이 어디에 있느냐에 따라서 가치가 드러나기도 하고 가치가 없어지기도 한다는 얘기이다.

작은 그릇이 필요한 곳에 큰 그릇을 가져다 쓸 수 없으며, 큰 그릇이 필요한 곳에 작은 그릇을 쓸 수 없다. 그릇의 크기와 용도는 누가 정하는 것이 아니라 오로지 자기 자신이 정하는 것이다.

자신이 마음을 크게 쓰면 세상에 크게 쓰일 것이고 작게 쓰면 작게 쓰일 뿐이다.

---

*진평(陳平) _ 중국 한나라의 정치가. 처음에는 항우를 따랐으나 후에 유방을 섬겨 한나라 통일에 공을 세웠다. 좌승상이 되어 여씨의 난 때 주발(周勃)과 함께 이를 평정한 후 문제를 옹립하였다.

**주발(周勃) _ 중국 한나라의 무장이자, 한고조 유방의 부하. 유방을 만나기 전까지는 상가에서 피리를 불던 인물이었으나 유방 궐기 후 함께 하여 진나라 정벌에 공을 세웠다.

可以馬上得天下 不可以馬上治天下

"천하 패권의 향방을 놓고 전쟁을 벌일 때의
인재 등용 방법과 천하를 손에 넣고 난 후의
인재 등용 방법은 서로 달라야 한다."

- 육가

위기시와 평상시의
인재 등용 방법은 달라야 한다

馬上得天下(마상득천하) - '말 위에서 천하를 얻는다'는
뜻으로, 바쁘게 움직이며 치열하게 살아간다는 말.
- 『史記』 역생육가열전

한고조가 천하를 아직 손에 넣지 못했을 때, 숙손통은 이미 제자 백여 명을 데리고 고조 진영에 투항하였다. 하지만 그는 고조에게 어느 제자도 추천하지 않았다. 이에 참다못한 제자들이 불평불만을 터뜨렸다.

"저희는 선생님께 여러 해 동안 가르침을 받아왔습니다. 그러니 선생님께서 당연히 저희들의 앞길을 열어주셔야 하지 않겠습니까? 그런데 선생님께서는 건달과 깡패만 계속 추천하고 계십니다. 저희는 그 이유를 모르겠습니다."

이에 숙손통이 자세를 고쳐 앉으며 대답하였다.

"지금 대왕께서는 싸움터를 전전하며 화살과 돌이 날아다니는 것을 무릅쓰고 적과 천하를 놓고 쟁탈하고 계신다. 너희 유생들이 도대체 전쟁터에 나가서 싸울 수 있다는 말이냐? 그런 이유로 나는 지금 적진으로 뛰어들어 적장을 베고 깃발을 빼앗을 수 있는 사람들을 먼저 추천하고 있는 것이다. 그러니 좀더 기다리도록 하여라. 반드시 기회가 올 것이다."

얼마 후 결국 한고조에 의해 천하가 통일되었다. 고조는 숙손통에게 관련 예의와 호칭 등의 제도를 제정하라고 명하였다. 특히 진나라의 번거롭고 가혹한 예법과 제도를 모두 없애 간소화하라고 하였다. 그러자 신하들은 제멋대로 술을 마시고 서로 공적을 다투었으며, 싸움을 벌이고, 심지어 칼을 빼어 들어 궁궐 기둥을 치기도 했다.

이런 상황에 대해 고조는 매우 골치 아파했다. 이에 숙손통은 고조가 이런 무례한 행동을 싫어한다는 것을 알고 다음과 같이 아뢰었다.

"유생들이란 폐하와 함께 진공하여 탈취하는 데는 별 소용이 없지만 이미 취득한 성과를 지키는 데는 상당히 쓸모가 있습니다. 바라옵건대 학식이 높은 노나라 학자들을 초청하여 제 제자들과 함께 조회(朝會)의 의식을 제정했으면 합니다."

이에 고조가 고개를 끄덕이며 말하였다.

"괜찮은 생각이긴 한데…. 너무 어려운 일은 아니오?"

그러자 숙손통은 다음과 같이 말하였다.

"삼왕오제의 예악(禮樂)제도는 서로 상이합니다. 의식이란 시대와 풍속에 따라서 간소화할 수도 있고 더해질 수도 있는 것입니다.

3대의 의식이 각각 이전의 의식을 따르면서 간소화하거나 더했다는 것은 그것이 서로 같지 않다는 점을 말해주고 있습니다. 저는 예로 부터 전해온 의식에 진나라의 의식을 종합하여 새로운 조회 의식을 만들었으면 합니다."

이에 고조는 다음과 같이 말하였다.

"그렇다면 시험삼아 만들어 보시오. 다만 사람들이 이해하기 쉽고, 내가 실행할 수 있도록 염두에 두고 만드시오."

숙손통은 곧 노나라로 건너가 서른 명의 학자를 초청하였다. 하지만 두 사람이 거절하면서 그를 비난하였다.

"당신은 거의 열 명에 가까운 주군을 섬기면서 모두 눈앞에서 아부하여 가깝게 되고 존귀한 지위를 얻었소. 지금 천하가 막 평정되었지만 아직 전사자의 장례도 끝나지 않았고 부상자들은 완치되지 못했소. 이런 상황에서 어떻게 예악(禮樂)을 찾을 수 있다는 말이오? 본래 예악이라는 것은 황제가 백 년 이상 인정(仁政)을 베풀고 덕을 쌓아야 비로소 일어나는 법이오. 그러니 당신이 하는 일에 찬성할 수 없소. 당신이 하고자 하는 일은 옛날의 법에 맞지 않는 일이오. 우리는 가지 않을 것이니, 그냥 돌아가시오. 제발 우리를 욕되게 하지 마시오."

이에 숙손통이 웃으면서 그들의 의견을 반박하였다.

"당신들은 정말 고루한 유생들이오. 어떻게 세상의 변화를 한 치도 알지 못하오."

얼마 후 숙손통은 노나라 학자 서른여 명을 대동하고 궁궐로 돌아왔다. 그리고 그들과 황제 주변의 학식 있는 시종 및 제자 백여 명과 함께 야외에서 구역을 정하고 존귀 순위를 표시하는 표지물을 설치하여 조회 예의를 연습하기 시작하였다.

그로부터 한 달여 뒤 숙손통이 고조에게 아뢰었다.

"폐하, 한 번 보십시오."

의식 절차를 보고 난 고조는 "잘 만들었소. 이 정도면 나도 할 수 있겠소"라고 말하였다. 그리고 군신 모두에게 그 예의를 배울 것을 명하였다.

그 뒤 장락궁이 준공되자 만조백관들이 그 의식에 따라 입조하였다. 뜰 가운데는 경비병들이 무기를 갖추고 줄을 지어 서 있고, 궁전 밑에는 계단마다 수백 명의 호위 군사가 늘어서 있었다. 공신, 제후, 장군들이 서열에 따라 서쪽에 줄을 지어 섰으며, 문관은 승상 이하 서열대로 동쪽에 줄을 지어 섰다. 곧이어 고조가 탄 수레가 나오자 백관들이 깃발을 흔들어 환영하였다. 잠시 후 고조가 자리에 앉자 6백 명 이상 되는 고관들이 차례로 어전에 나가 축하했는데 모두들 엄숙한 표정이었다. 하례가 끝나자 모든 사람들이 다시 엎드려 머리를 조아렸고, 서열에 따라 일어나며 축배의 술잔을 올렸다. 의식이 끝나고 다시 주연이 베풀어졌으나 시끄럽게 하는 자는 단 한 명도 없었다.

그러자 고조는 "오늘에야 비로소 황제의 자리가 고귀함을 알았노라!"라며 숙손통을 종묘의식을 관장하는 태상(太常)에 임명하고 황금 5백 근을 하사하였다. 이 기회를 놓칠세라 숙손통이 말하였다.

"저의 제자들은 오랫동안 저를 따르며 함께 의식을 만들었습니다. 바라옵건대 그들에게도 관직을 내려주십시오."

고조는 즉시 그들 모두를 시종으로 임명하였다.

한편 숙손통은 고조로부터 하사받은 황금 5백 근을 모두 제자들에게 나누어주었다. 그러자 제자들이 감동하여 이렇게 말하였다.

"선생님은 참으로 성인이시다. 세상사를 한 눈에 꿰뚫어보신다."

"말 위에서 천하를 얻을 수는 있지만 말 위에서 천하를 다스릴 수는 없다(可以馬上得天下 不可以馬上治天下)."

이는 정적 항우를 물리치고 황제가 된 한고조 유방이 힘의 통치를 펼치려고 하자 신하인 육가가 목숨을 걸고 한 간언이다. 즉, 천하 패권의 향방을 놓고 전쟁을 벌일 때의 인재 등용 방법과 천하를 손에 넣고 난 다음 인재 등용 방법은 서로 달라야 한다는 얘기이다.

한나라 신하 육가가 황제 고조 앞에서 늘 『시경』과 『서경』을 인용하면서 말하자 고조가 육가를 비난했다.

"이 몸의 천하는 전마(戰馬) 위에서 얻어낸 것이다. 무슨 『시경』이나 『서경』 따위가 필요하겠는가!"

"전마 위에서 천하를 얻으셨지만 전마 위에서 천하를 다스릴 수는 없습니다. 즉, 은나라 탕왕과 주나라 무왕은 반란을 일으켜서 천하를 얻었지만 도리어 민심에 순응한 회유정책으로써 천하를 지켰습니다. 반면, 진나라는 줄곧 형법으로써 나라를 다스려 마침내 멸망하고 말았습니다. 만약 진나라가 천하를 통일한 뒤 옛 성인과 선왕을 본받고 인의(仁義)를 시행할 수 있었다면 반드시 오래토록 평안했을 것입니다. 따라서 어찌 폐하께서 천하를 얻을 기회가 있었겠습니까?"

고조는 비로소 고개를 끄덕였다.

'말 위에서 천하를 얻는다'는 말은 무력으로써 정권을 쟁취한다는 뜻으로써 이로부터 이른바 '마상체제'라는 말이 생겨났다. 즉, 마상체제란 무력 수단에 의존하여 군사체제와 그와 관련된 정치문화를 시행한다는 의미이다. 이에 처음에는 강력한 리더십이 필요하지만 나라가 안정되었을 때는 따뜻한 카리스마를 지닌 리더십이 필요하다.

이는 기업의 인재 등용에 있어서도 역시 마찬가지이다. 위기시의 인재 등용법과 평상시의 인재 등용법은 확실히 달라야 한다. 만약 위기시에 평상시에 필요한 인재를 등용하게 되면 위기를 극복하지 못할 우려가 있다. 위기시에는 강력한 추진력과 위기관리 능력을 지닌 인재가 필요하며, 평상시에는 조직을 하나로 만들 수 있는 팀웍을 중시하는 인재가 필요하다.

*숙손통(叔孫通) 전한의 유생으로 한고조를 섬겨 조의를 제정하였다. 또 혜제 때 봉상경으로서 종묘 등의 의법을 정하고 태자 태부로 전임하였다.

말만 앞세우는 사람보다
행동하는 사람을 선택하라

紙上談兵(지상담병) – '종이 위에서 병법을 논한다'는 뜻으로,
이론에만 능하고 실전에는 약한 것을 말함.
– 『**史記**』 염파 인상여전

전국시대 강대국 진나라가 조나라를 공격했을 때의 일이다.

당시 조나라의 명장 조사는 이미 세상을 떠난 뒤였고, 명신(名臣)
인상여 역시 병세가 깊은 상태였다.

조나라는 염파를 장군으로 삼아 진나라를 막게 했는데 잇달아 패하
고 말았다. 그러자 성문을 굳게 걸어 닫은 채 누구도 나가서 싸우려고
하지 않았다. 진나라 군대가 매일 싸움을 걸어왔지만 염파는 굳게 수
비만 할 뿐이었다.

초조해진 진나라는 조나라에 첩자를 보내 헛소문을 퍼뜨렸다.

"진나라는 조나라의 염파에 대해서는 크게 걱정하지 않는다. 오직
조사의 아들 조괄이 장군이 되는 것을 두려워 할 뿐이다."

이 소문을 들은 조나라 왕은 즉시 염파를 해임하고 조괄을 장군으로 임명하려고 했다. 그러자 인상여가 이를 말리고 나섰다.

"대왕께서 조괄의 명성만을 들으시고 그를 기용하시려는 것은 마치 거문고 줄을 풀로 붙여 거문고를 연주하는 것과 똑같습니다. 조괄은 겨우 자기 아버지가 남긴 병법을 외울 수 있을 뿐 임기응변에 대해서는 근본적으로 모릅니다."

그러나 왕은 끝내 그의 말을 듣지 않고 조괄을 장군으로 삼았다.

조괄은 어릴 때부터 병법을 공부하였고 군사를 담론하여 스스로 자신이 가장 뛰어난 장수라고 생각하였다. 하지만 그의 아버지 조사조차도 아들이 뛰어나다고 생각하지 않았다. 이에 보다 못한 그의 부인이 그 이유를 물었다.

"전쟁이란 목숨을 거는 것이오. 하지만 괄은 말로 너무 쉽고 간단하게 결론을 내리고 마오. 만약 조나라가 괄을 장군으로 삼지 않으면 그만이지만, 그렇지 않고 괄을 장군으로 삼는다면 조나라 군대를 패망케 할 사람은 반드시 괄일 것이오!"

이에 조괄의 어머니는 염파 장군의 후임으로 조괄이 부임하여 장군으로 출정한다는 소문을 듣고 급히 왕에게 편지를 올렸다.

제발 제 아들을 장군으로 삼지 마옵소서. 제 남편 조사와 제 아들 조괄은 부자지간이지만 사람됨이 전혀 다릅니다. 제 남편은 음식을 나눠 먹는 친한 벗이 수십 명이며 벗으로 사귀는 사람이 수백 명이나 되었습니다. 나라에서 받은 상금은 모두 군사에게 나눠주었고 전쟁에 나갈 때면 집안일을 묻지 않았습니다. 그러나 아들 괄은 장군으로 임명되자 동쪽을 향해 앉아 조회를 받고(황제는 남쪽으로 앉아 신하들의 알현을 받고 공후장상은 동쪽을 존귀함의 표시로 삼았다. 그만큼 조괄이 거만해졌다는 것을 말함), 나라에서 받은 상금도 혼자 차지해 땅을 사들이고 있습니다. 도저히 제 아비를 따를 수 없을 듯합니다. 그러니 대왕께서는 장군의 임무를 거두어 주시기 바랍니다.

그러나 왕은 결코 그 말을 듣지 않았다.
"이미 결정된 일이니 돌이킬 수 없소."
이에 조괄의 어머니가 다시 편지를 올렸다.

"기어이 제 아들을 장군으로 삼으신다면 아들이 설사 임무를 다하지 못하더라도 이 어미를 책하지 마시기 바랍니다."

결국 왕은 그 부탁을 받아들였다.
조괄은 염파 장군으로부터 군대를 인계받자마자 즉시 군대체계를 진면적으로 개편하고 군리(軍吏)를 바꾸었다.
이 소식을 들은 진나라 장군 백기는 짐짓 패주하는 척하면서 조나라 군대의 군량을 수송하는 보급로를 단절하고 군대를 두 쪽으로 분리시켰다. 이에 조나라 병사들은 크게 동요하였다. 다급해진 조괄이 정예 부대를 이끌고 출정하여 진나라 군대와 육박전을 전개했지만 적이 쏜 화살에 맞아 오히려 죽고 말았다. 결국 조괄의 군대는 전의를 상실하고 항복할 수밖에 없었는데 그 수가 자그마치 40만 명이 넘었다.

전투에서 승리한 백기가 포로들을 바라보며 말하였다.

"전에 상당을 함락시켰을 때 그 주민들은 진나라 백성이 되는 것을 싫어하여 모두 조나라로 도망쳤다. 조나라의 포로들도 언제 변심할지 모른다. 모두 없애지 않으면 반란을 일으킬 게 틀림없다."

그리고는 포로를 모두 구덩이에 생매장시켜 버렸다. 40만 명의 포로 중 살아남은 자는 겨우 어린아이 240명뿐이었다.

사람들은 노장 염파의 경륜보다 조괄의 화끈함을 좋아한다. 문제는 늘 이 지점에서 생긴다. 내는 문제마다 거침없이 척척 대답했던 아들 조괄을 그의 아버지 조사가 끝내 인정하지 않았던 것도 바로 이런 이유 때문이었다.

간혹 실무와 전혀 관련 없는 사람들이 자리를 차지하는 경우가 있다. 이른 바 낙하산 인사가 바로 그것이다.

해당 분야에 관한 전문적인 지식이나 업무 능력이 전혀 없는 사람이 자리에 앉게 되면, 업무의 효율성은 물론 조직의 사기를 떨어뜨리게 된다. 나아가 조직을 와해시키고 병들게 만든다.

어설픈 지식은 한 번의 경험보다 못한 법이다. 말만 앞세우는 사람보다 행동을 통해 그 결과를 보여주는 사람을 가까이 해야 할 이유가 바로 여기에 있다.

*조괄(趙括) _ 전국시대 조(趙)나라의 장군. 명장으로 알려진 조사(趙奢)의 아들로 병법에 통달한것으로 알려져 있다. 장평 전투에서 진나라(秦)의 백기(白起)에게 패해 전사하였다.

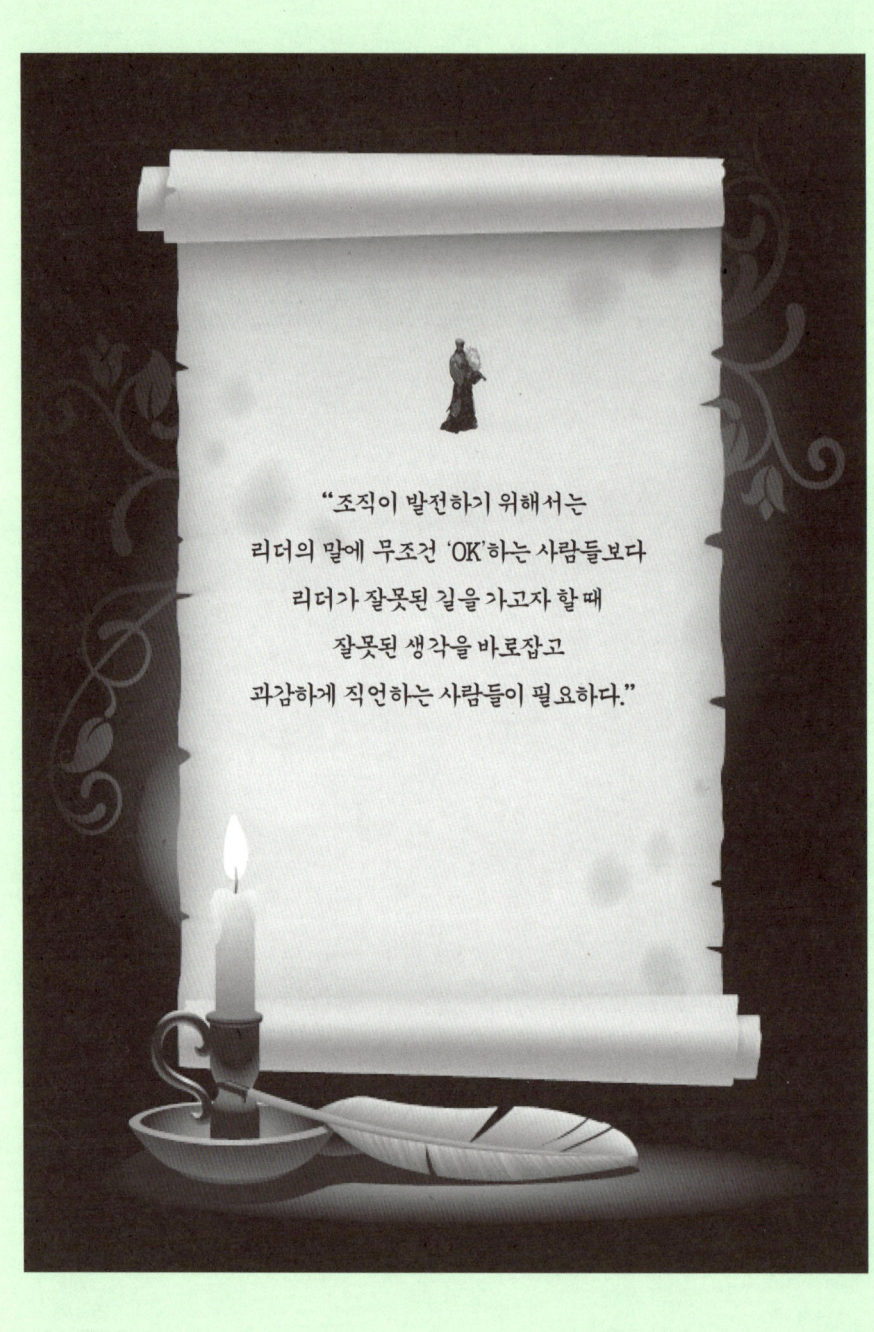

"조직이 발전하기 위해서는
리더의 말에 무조건 'OK'하는 사람들보다
리더가 잘못된 길을 가고자 할 때
잘못된 생각을 바로잡고
과감하게 직언하는 사람들이 필요하다."

불의와 타협하는 사람을 조심하라

忠臣不事二君(충신불사이군) – '충신은 두 임금을 섬기지 않는
다'는 뜻으로, 한 임금만 섬기는 충성스런 신하를 말함.
- 『史記』 전단열전

연나라가 제나라를 쳐들어갔을 때의 일이다.

왕촉(王蠋)이라는 인물이 현명하다는 소문을 들은 연나라 장수 악의는 부하들에게 그가 살고 있는 주위 30리 안으로는 절대 들어가지 말라고 명하였다. 그리고는 사람을 보내 연나라에 귀순할 것을 종용하였다.

"제나라 사람들은 모두 당신의 인품과 덕망을 존중하고 있소. 당신을 장군으로 임명하고 만 호를 봉하여 식읍으로 주겠소."

그러나 왕촉은 이를 단호히 거절하였다. 이에 악의는 태도를 180도 바꿔 그를 위협하기 시작하였다.

"내 말을 받아들이지 않으면 군대를 파견하여 화읍을 도륙하고 닭과 개도 모두 남기지 않을 것이오."

그러자 왕촉이 말하였다.

"'충신은 두 임금을 섬기지 아니하며, 열녀는 남편을 바꾸지 않는다(충신불사이군 열녀불갱이부, 忠臣不事二君 烈女不更二夫)'고 하였소. 나는 제나라 왕에게 여러 번 직언을 했지만 받아들여지지 않았기 때문에 벼슬을 그만두고 이렇게 농부가 되어 스스로 밭을 갈고 있소. 나라는 이미 공격을 받아 멸망하였고 나 역시 나라의 국권을 회복할 수 없게 되었소. 그런데 지금 다시 무력으로써 나를 협박하여 그대들의 장군으로 삼는다는 것은 나로 하여금 걸왕을 도와 폭정을 일삼는 것과 다름없소. 이렇게 불의한 처지에 사느니 차라리 가마에 삶아져 죽는 편이 나을 것이오."

그리고는 목에 끈을 감아 나무에 맨 뒤 스스로 끈을 끊어 자결하고 말았다.

이 소문을 들은 제나라 관리들은 "왕촉은 지위도 벼슬도 없는 일개 평민에 불과한데도 정의를 위하여 연나라의 벼슬을 받지 않고 죽음으로써 충절을 지켰다. 하물며 벼슬길에 올라 나라의 녹을 먹고 있는 우리가 가만히 있을 수가 있겠는가!"라면서 모두 거(莒)로 달려가 제나라 민왕의 아들을 찾아내 왕으로 옹립하였다.

우리 역사에도 왕촉과 같은 사람들이 더러 있었다. 대표적인 예로 조선시대 세조가 선왕 단종을 내쫓고 왕위를 차지하자 "충신은 두 임금을 섬기지 않는다"며 죽음을 선택한 사육신이 있다.

그들의 죽음은 그야말로 비참했다. 하지만 어느 누구도 그들이 잘못된 선택을 했다고 탓하거나 비난하지 않는다. 오히려 그들의 의로운 죽음을 찬탄하고 존경해마지 않는다.

그렇다. 역사는 잘못된 일에 의롭게 맞서 싸운 이들을 잊지 않는다. 이는 조직에 있어서도 마찬가지이다. 리더의 의견에 무조건 'OK'라고 말하는 사람들은 조직에 그다지 도움이 되지 않는다. 그들은 기실 개인적인 이익과 영달에만 목숨을 매는 기회주의자인 경우가 많기 때문이다.

조직이 발전하기 위해서는 리더의 말이라면 무조건 'OK'하는 사람들보다 리더가 잘못된 길을 가고자 할 때 잘못된 생각을 바로잡고 과감하게 직언하는 사람들이 필요하다. 나아가 그들이야 말로 진정 조직을 아끼고 사랑하는 사람들이라고 할 수 있다. 그들의 의견을 귀담아 들어야 하는 이유가 바로 여기에 있다.

이렇듯 나라와 조직이 발전하기 위해서는 불의에 맞서 싸울 줄 아는 사람들이 필요하다. 리더의 입장에서 보면 지금 당장은 그들의 존재가 다소 부담스럽고 껄끄러울 수도 있다. 하지만 그들이 있음으

로써 조직의 생명이 더 길어지고 조직이 더 빛날 수 있다는 사실을
알아야 한다.

*왕촉(王燭) 중국 제나라의 충신. 제나라 민왕(湣王) 때 인물. 연나라 군대가 제나라를
침략하였을 때 항복을 권유하였으나, '충신은 두 임금을 섬기지 않는다'고 말한 뒤 자결
하였다 이후 충신의 대명사가 되었다

약속을 지키지 않는 사람과는
어떤 일도 함께 하지 마라

無信不立(무신불입) - '신의가 없으면 일어설 수 없다'는 뜻으로,
신뢰가 없으면 살아갈 수 없다는 말.
- 『論語』 안연편

한고조 유방의 천하통일을 도왔던 명장 팽월(彭越)은 원래 거야
택(巨野澤)이라는 연못에서 물고기를 잡으며 무리들과 도둑질을
일삼던 자였다.

어느 날 진승(陳勝)과 항량(項梁)이 봉기를 일으키자 그의 무리
들이 그에게 다음과 같이 말하였다.

"여러 호걸들이 서로 일어나 진(秦)나라에 반기를 들고 있으니,
우리도 그들처럼 일어섭시다."

"나는 그대들과 함께 하고 싶지 않소!"

팽월은 일언지하에 그들의 제안을 거절하며, 지금은 두 마리의 용
이 한참 싸우고 있으니 조금만 참고 기다리자고 하였다.

그로부터 한 해 남짓 후 연못 주위의 무리 100여 명이 다시 팽월을 찾았다.

"이제 당신이 우리의 우두머리가 되어주시오."

하지만 팽월은 여전히 손사래를 쳤다.

"나는 그대들과 함께 하고 싶지 않소!"

이번에도 팽월은 한마디로 그들의 말을 딱 잘랐다. 그러나 무리들이 계속해서 간청하자 마지못해 허락하고 말았다.

그 자리에서 그는 다음날 해가 돋을 때 무리들을 다시 만나기로 약속하고, 약속시간에 늦는 사람은 참수(斬首)하기로 하였다.

다음날 약속시간이 되자 10여 명이 늦었다. 가장 늦게 온 사람은 해가 중천에 뜰 무렵에야 도착하였다.

이에 팽월이 단호히 말하였다.

"나는 나이가 들었는데도 불구하고, 그대들이 나를 억지로 우두머리로 세웠소. 지금 약속을 해놓고도 늦게 온 사람이 많으니 그들을 다 죽일 수는 없고 가장 나중에 온 사람만 죽이겠소."

팽월은 즉시 무리의 대장에게 명을 내려 그를 죽이라고 하였다.

그러자 모두 웃으면서 "어찌 그럴 필요까지 있습니까? 다음부터는 그런 일이 없을 것입니다"라고 말하는 게 아닌가. 그러나 팽월은 맨 나중에 온 사람을 기어코 끌어내 목을 베고 제단을 차려 제사를 올렸다. 그런 다음 그를 따르는 무리를 향해 명하였다.

그러자 무리들은 팽월을 두려워하여 감히 얼굴을 들고 쳐다보지도 못하였다.

사람들의 관계에 있어서 가장 기본이 되고 중심이 되는 것은 바로 믿음이다. 믿음이라는 뜻의 신(信)은 '사람 인(人)'과 '말씀 언(言)'이 합쳐진 글자로서 '사람의 언론은 마땅히 진실되고 성의(誠意)가 있어야 한다'는 의미를 지니고 있다. '신(信)'의 원래 고대어는 '言+心'으로서 '마음의 소리'라는 의미였다. 따라서 '신'은 진심이 마음의 입구, 즉 혀를 통하여 밖으로 나온 '순수한 마음의 소리'라는 뜻을 지니고 있다.

　현재 많은 기업들이 컴퓨터상에서 이루어지는 가상의 공동작업에 지대한 관심을 기울이고 있다. 하지만 가상의 팀을 효율적으로 이끌기 위해서는 지금까지 해왔던 것과는 완전히 다른 방식이 요구된다. 얼굴을 맞대고 이야기를 하거나 규칙적이고 직접적인 접촉을 하지 않은 상태에서 원거리 지휘를 통해 직원을 결합시키고, 다양한 문화와 국경의 벽을 초월해 직원들의 관심사를 조화시키는 것이 새로운 시대가 요구하는 바이다. 그러나 신뢰 없이는 이 모든 것들이 불가능하다.

---

*팽월(彭越) 본래 도둑질을 일삼았으나 한고조 유방 휘하의 무장이 되어 그와 함께 천하통일을 이루었다. 그 공로를 인정 받아 양나라 왕으로 임명되었으나 토사구팽 당하고 말았다.

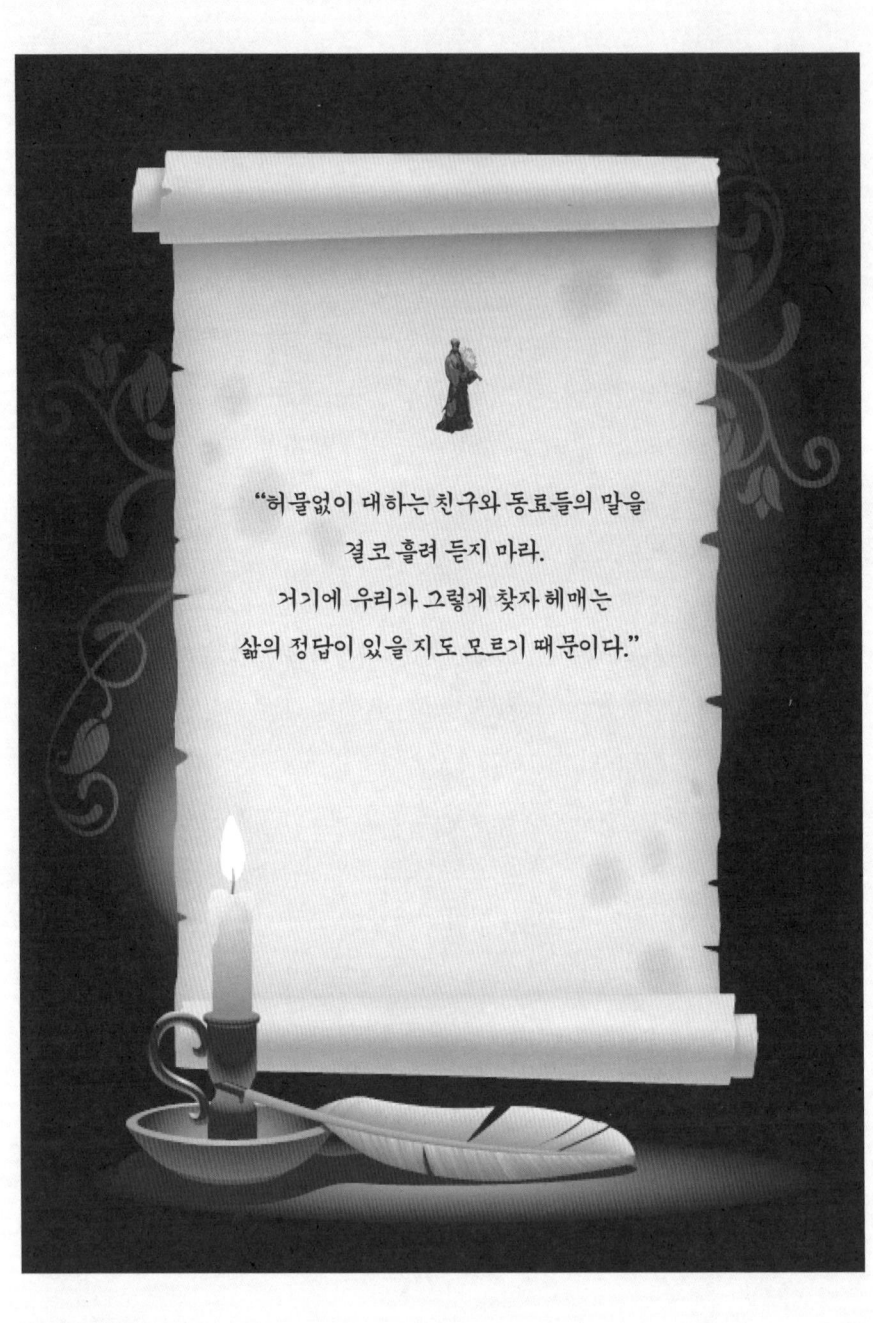

"허물없이 대하는 친구와 동료들의 말을
결코 흘려 듣지 마라.
거기에 우리가 그렇게 찾자 헤매는
삶의 정답이 있을 지도 모르기 때문이다."

일을 맡겼으면 끝까지 믿어라

疑人不用 用人勿疑(의인불용 용인물의) – '의심스러우면 쓰지
말고 썼으면 의심하지 말라'는 뜻으로, 한 번 맡겼으면
끝까지 믿으라는 말. – 『明心寶鑑』 성심편

위진남북조 시대 천하는 북쪽의 전진(前秦)과 남쪽의 동진(東晉)
으로 나뉘어 있었다. 하지만 군사력에 있어서는 북쪽의 전진이 훨
씬 더 강했다. 더구나 전진의 황제 부견은 영특한 군주로 국력을 비
약적으로 강화시켰다.

이때 부견의 옆에는 명참모 왕맹(王猛)이 있었다. 왕맹은 이전에
도 여러 왕조로부터 조정 입궐을 권고 받은 적이 있었지만 끝내 응
하지 않았다. 그러다가 부견의 인품을 알아보고 기꺼이 그의 참모
가 되었다.

그는 입궐한 지 불과 수십 일도 되지 않아 호족들의 횡포와 부정
부패를 척결하는 일에 앞장섰다. 하늘 높은 줄 모르는 호족들의 권

세가 무서워 아무도 생각할 수조차 없었던 일이었다. 그러나 그는 과감하게 실천에 나서 죄질이 무거운 20여 명의 호족들을 체포, 처형하고 그 시체를 저잣거리에 효수하였다.

이후 그는 군대의 개혁, 교육 진흥, 수리 시설의 개발, 농업과 양잠의 육성 등에 박차를 가하였다. 그 결과, 전진은 순식간에 강대국으로 발돋움할 수 있었다.

부견은 자기의 곁에 왕맹이 있음을 기뻐하며 다음과 같이 말하곤 하였다.

"촉나라 유비에게는 공명이 있었고, 나에게는 왕맹이 있도다."

그즈음 전진에 대적할 수 있는 나라는 오직 남쪽의 동진밖에 없었다. 이에 부견은 천하통일을 꿈꾸었지만 하필이면 그때 왕맹이 세상을 떠나고 말았다.

부견은 통곡하면서 부르짖었다.

'하늘이 내가 천하통일의 대업을 이루기를 원하지 않는구나. 어찌 이렇게 빨리 내게서 왕맹을 데려간다는 말인가!'

얼마 후 부견은 100만의 군사를 일으켜 남쪽의 동진을 공격하였다. 당시 동진의 군사는 전진의 10분의 1에 불과하였다.

한편 왕맹은 임종 때 부견에게 절대 동진을 공격하지 말라는 유언을 남겼다.

"동진은 비록 중원에서 멀리 떨어져 있지만, 중국 중원의 정통성을 가지고 있으며 군신 상하가 질서를 존중하고 화목합니다. 그러니 신이 죽은 뒤라도 폐하께서는 동진을 공격하려는 생각일랑 하지 마십시오. 그보다는 북쪽의 선비족과 강족(羌族)이야말로 우리의 숙적입니다. 얼마 지나지 않아 틀림없이 우리의 근심거리가 될 터이니 차차 이들을 제거하여 나라의 기반을 튼튼히 하시옵소서."

그러나 부견은 왕맹의 유언을 무시하고 동진을 공격을 감행하고 말았다. 100만 대군의 행렬이 수로와 육로를 통해 동서 만 리까지 이어졌으며, 그 위풍당당한 모습은 천지를 진동시키고도 남았다.

막강한 전진이 군사를 몰아 총공격해온다는 급보에 동진의 조야는 불안에 휩싸였다. 당시 동진의 총사령관은 재상 사안(謝安)이었다. 사안은 재상으로 임명되기 전에도 은자처럼 살았고, 재상으로 임명된 후에도 은자처럼 처신하였던 현인이었다. 동진의 모든 사람들이 떨고 있었지만 서안만은 오히려 태연하였다. 사람들이 그에게 달려가 도대체 어떤 작전을 쓸 것인가를 묻자 그는 태연한 표정으로 다음과 말하였다.

"염려할 것 없다. 작전은 내 가슴 속에 있다."

두 영웅은 나란히 설 수 없는 법이며, 하나의 산은 두 마리의 호랑이를 키울 수 없는 법이다. 이렇게 하여 전진과 동진이라는 천하의 양웅은 비수라는 강을 사이에 두고 서로 대치하였다. 유명한 '비수의 싸움'이 시작된 것이다.

전진의 선봉부대는 수양성을 공략하여 서전을 승리로 장식하였다. 이때 동진의 선봉부대는 이미 군량미 부족이라는 극한상황에 몰리고 있었다. 이 사실을 알아챈 부견은 주서라는 장군을 동진의 진영에 파견하여 항복을 권하였다. 그런데 바로 이 주서라는 인물은 원래 동진의 장군으로 이전에 벌어졌던 전투에서 패한 뒤 포로가 되어 부견 밑에 있던 사람이었다. 그는 비록 몸은 부견 밑에 있었지만 마음 만은 언제나 고국 동진에 있었다.

동진 진영에 도착한 주서는 동진 장군들에게 이렇게 말하였다.

"전진의 군사 100만은 아직 결집이 약한 상태입니다. 만약 100만 대군이 결집한다면 우리가 이기기 어렵습니다. 그러니 지금의 기회를 놓치지 말고 곧바로 기습 공격해야 합니다. 그렇게 되면 전진의 군사를 무너뜨릴 수 있습니다. 저도 내부에서 호응하겠습니다."

며칠 후 동진군은 기습공격을 감행하였다. 이 전투에서 전진군은 크게 패하여 서로 앞다퉈 도망치려다가 무려 1만5천여 병사가 물에 빠져 죽고 말았다.

동진군은 계속하여 진격을 늦추지 않았다. 보고를 접한 부견은 수양성에 올라가 동진의 진영을 살폈다. 동진군의 군사배치와 진지는 정연하여 한 치의 빈틈도 없었다. 다시 눈을 돌려 팔공산을 바라보니 바람에 흔들리는 초목이 모두 동진군으로 보이는 듯하였다.

'군사도 많고 정예 중의 정예로다. 강적이다, 강적이야!'

부견도 두려움을 감출 수 없었다.

그러한 상태에서 양군은 비수(淝水)를 사이에 두고 며칠동안 대치하였다. 그러던 어느 날 전진 진영에 동진 진영으로부터 서찰이 날아들었다.

이렇게 양군이 강을 사이로 두고 대치하다가는 싸움이 얼마나 길어질지 모르는 일이오. 그것은 양군 모두에게 좋지 못한 일이오. 그러니 만약 귀측에서 속전속결을 원한다면 조금 후퇴하여 우리 측이 강을 건넌 뒤 정정당당하게 싸움을 벌여 승패를 결정짓는 방법이 어떻겠소?

전진의 장군들은 모두 후퇴는 말도 안 되는 소리라고 일축하였다. 그러나 부견은 고개를 저으며 "조금 후퇴하는 척 하다가 저들이 강을 반쯤 건넜을 때 기병으로 돌진하여 공격한다면 승리는 우리의 것이다"라고 주장하였다. 이에 장군들도 모두 수긍하였다.

이윽고 전진군이 후퇴를 개시하였다. 그런데 여기서부터 일이 빗나가기 시작하였다. 고향을 떠나 멀리 이국 만 리 전쟁터에 끌려온 병사들은 막상 후퇴를 시작하자 마치 봇물 터지듯 앞다퉈 도망치기 시작하였다. 그리하여 순식간에 통제 불능의 상태가 되고 말았다. 이렇게 되니 동진군이 강을 반쯤 건넜을 때 공격한다는 원래 작전은 쓸래야 쓸 수가 없게 되었다. 오히려 뒤에서 동진군이 맹추격해 오고 있었다. 속수무책으로 전진군은 도망쳤다. 부견은 군사를 돌이키려고 안간힘을 썼지만 헛수고였다.

그러나 그 순간 "우리는 졌다, 어서 도망쳐라!"라는 고함소리가 갑자기 여기저기서 터져 나오는 게 아닌가! 바로 주서가 부하들과 짜고 질러댄 고함소리였다.

한 마리 개가 그림자를 보고 짖으면 뭇 개들이 덩달아 짖는 법. 고함소리가 불에 기름을 붓는 격이 되어 전진의 군대를 더더욱 속수무책으로 도망치게 만들었다.

더군다나 후속부대들 역시 패배했다는 소식을 듣고 도망치기에 급급했다. 이렇게 해서 전진의 군대는 밤낮을 가리지 않고 도망치기에 여념없었다. 바람 소리와 학이 우는 소리를 듣고도 그것이 동진군이 뒤쫓아 오는 소리인 줄 알고 앞을 다투어 도망쳤다(이를 풍성학려, 風聲鶴唳라고 한다). 그 와중에 대부분의 병사들이 굶주림과 추위에 시달리다가 죽고 말았다. 그 결과, 불과 3개월 전 100만 대군의 위용을 자랑하며 진군했던 부견은 겨우 10만의 패잔병 속에 묻혀 수도로 돌아와야 했다. 엎친 데 겹친 격으로 선비족과 강족의 반란 속에 부견이 목숨을 잃고 나라도 멸망하고 말았다.

이 절체절명의 순간에도 동진의 총사령관이었던 사안은 별장에서 손님과 바둑을 두고 있었다. 바둑을 두고 있다가 전승 보고를 받은 그는 기뻐하는 기색도 없이 바둑판만 계속 응시하였다. 한참이 흐른 뒤에야 바둑이 끝났다. 그제야 손님이 보고 내용이 무엇이냐고 묻자 사안은 아무것도 아니라는 듯이 이렇게 말하였다.

"음, 자식 놈이 결국 적을 이겼다는군요."

신하의 간언을 받아들이는 것은 말처럼 쉽지 않다. 왜냐하면 왕은 위엄을 가져야 하기 때문이다. 다른 사람의 말을 들어준다는 것

자체가 위엄에 손상이 가는 일이었다. 그래서 신하들의 간언을 잘 받아들인 당 태종이 대단한 것이다.

부견 역시 처음에는 간언을 받아들이는 데 있어 당 태종 못지않았다. 그러나 일련의 성과를 거둔 후 잠시 느슨해지고 말았다. 그런 나머지 신하들이 그의 곁을 속속 떠났고 수족과도 같았던 형제들과도 등을 지게 되었다. 그로서는 차마 생각지도 못했을 일이었다. 그 결과, 일세의 영웅이었던 그 자신도 가장 신뢰했던 부장 요장(姚萇)에 의해 죽임을 당하고 말았다.

신하의 마음속에서 진심으로 우러나오는 충언과 간언을 의심해서는 안 된다. 이와 마찬가지로 나 자신을 허물없이 대하는 친구와 동료들의 말을 결코 흘려들어서는 안 된다. 거기에 우리가 그렇게 찾아 헤매는 삶의 정답이 있을 지도 모르기 때문이다.

『명심보감』에 '사람이 의심나고 못 미더우면 등용하여 쓰지 말고 일단 등용하였으면 의심하거나 회의하지 말라(疑人莫用 用人勿疑)'는 사람 쓰는 법에 대한 격언이 있다.

이는 조직에 있어서도 마찬가지이다. 특별한 상황이 아니라면 실무자에게 일임해야 한다. 그래야만 책임감을 가지고 끝까지 일을 마무리할 수 있으며 리더를 믿고 의지하게 된다.

손자는 '한번 맡겼으면 믿어라!'라는 말을 끝내면서 현장에 간섭하는 피해를 이렇게 말하고 있다.

"간섭하는 군주가 있는 나라의 군대가 후방에 대하여 의혹과 회의를 가지면 이웃 나라 제후들이 이 틈을 타 공격해 올 것이니, 이

것은 군주가 자신의 군대를 혼란에 빠뜨리고 적에게 승리를 안겨주는 우를 범하는 일이다(三軍旣惑且疑, 則諸侯之難至矣, 是謂亂軍引勝)."

한 번 임명한 사람을 믿고 기다리는 효과는 늦고 더디지만 그 과정은 너무나 아름답고 그 결과는 너무나 크다.

사람을 믿고 기다리는 리더가 있는 조직은 무한한 가능성이 열려 있다. 맡겼으면 믿어라! 의심나면 처음부터 아예 쓰지 마라!

---

*왕맹(王猛) __ 5호16국 시대 전진의 승상이자 대장군, 군사가.
**부견(苻堅) __ 전진(前秦)의 제3대 왕(재위 357~385). 태학을 정비, 학문을 장려하고 농경을 활발히 일으켰다. 특히 한인학자 왕맹의 보필로 국세를 크게 떨쳤고 전연과 전량을 멸했다. 그의 치세 당시 전진의 위세는 동쪽으로분 고구려, 서쪽은 타림, 남서부는 호탄까지 미쳤다.

"평소에는 그와 가까운 사람을 살피고, 부귀할 때는 그와 왕래가 있는 사람을 살피고, 관직에 있을 때는 그가 천거한 사람을 살피고, 곤궁한 상황에서는 그가 하지 않는 일을 살피고, 어려울 때는 그가 취하지 않는 것을 살피십시오."

– 이극 • '사람을 살피는 다섯 가지 표준'

Part 2 난세의 출사표
사람이 세상을 바꾼다

글로벌 기업은 어떻게 인재를 모이게 하고 지속적으로 양성하고 또 유지해 나갈까?

가장 좋은 방법은 인재가 스스로 찾아오게 하는 것이다. 자율성과 창의성을 마음껏 발휘할 수 있는 기업문화, 일하고 싶은 기업문화를 가진 기업에는 인재가 저절로 모인다.

마쓰시타 고노스케가 마쓰시타 전기를 설립하고 얼마 되지 않았을 때 구성원들에게 한 말은 시사하는 바가 크다.

"사람들이 '당신 회사는 무엇을 만드는 회사인가?'라고 물으면 '우리 회사는 사람을 만듭니다'라고 대답하라."

"리더라면
누구나 제갈량과 같은 참모를 곁에 두고 싶을 것이다.
유약한 리더로 평가받는
유비가 제갈량을 얻을 수 있었던 비결은 과연 무엇일까?
그것은 사람의 마음을 얻었기 때문이다.
지금 곁에 두고 싶은 사람이 있는가?
그렇다면 그 사람의 마음을 얻어라."

"지금 곁에 두고 싶은 사람이 있는가?
그렇다면
그 사람의 마음을 얻어라."

제갈량의 '출사표'

– 유비의 명참모 제갈량

出師表(출사표) – 촉나라의 재상 제갈량이 선주 유비 사후
출진함에 있어 후주 유선에게 적어 올린 글.
– 『三國志』 제갈량전

　『삼국지』를 보면 일세를 풍미했던 영웅호걸들이 즐비하다. 하지만
그 중에서도 『삼국지』의 실제 주인공은 단연 제갈량이라는 점에 이
의를 달 사람은 별로 없을 것이다. 그만큼 제갈량의 뛰어나고 신묘한
전술과 전략은 현대를 사는 우리 모두의 마음까지 휘어잡고 있다.

　제갈량은 관우, 장비, 그리고 유비가 죽은 후 마지막 힘을 모아 위
나라 공격에 나섰다. 당시 위나라와 촉나라의 군사력을 객관적으로
비교할 경우 6대 1 정도로 촉나라가 절대 열세였다.

　제갈량이 이 사실을 모를 리 없었다. 하지만 그는 한나라 부흥이
라는 유비와의 약속을 반드시 지키고자 하였고, 더구나 자신이 죽고
난 이후엔 전혀 그 가망이 없음을 잘 알고 있었다. 그러므로 그는 절

대 이길 수 없는 싸움에 스스로 나선 셈이었다. 여섯 번에 걸친 이 싸움에서 그는 끝내 승리를 거두지는 못하였지만 그렇다고 패배하지도 않았다.

그는 처음 공격에 나서면서 유비의 아들 유선에게 '출사표'를 남겼는데, 그 글을 보고 눈물을 흘리지 않는 사람이 없을 만큼 명문 중의 명문으로 평가받고 있다.

신 제갈량 말씀드립니다.

선제께서는 창업을 이루시던 도중에 쓰러지시고, 이제 천하는 삼분되었는데 그 중 우리 익주는 가장 피폐해 있습니다. 참으로 위급존망의 때가 아닐 수 없습니다. 그러나 신하들이 안에서 태만치 않고 충신들이 제 몸 돌보기를 잊은 채 나라에 봉사하는 것은 오직 선제의 마음을 좇아 폐하께 보답하고자 하는 충정 때문입니다. 그러므로 폐하께서는 오로지 힘써 선제의 유덕을 빛내고 선비들의 마음을 너그럽게 보살펴주시옵소서.

마땅히 선(善)은 높이 받들어 이를 널리 펼치시고 악은 벌주어서 이를 물리치시옵소서. 조금도 개인적인 사심으로써 궁중과 조정의 차별을 두지 않으시도록 하십시오. 만약 간사한 짓으로 죄를 범하는 자가 있다면 벌로써, 충의선량한 사람이 있으면 마땅히 충분한 상을 내림으로써 공평무사한 정사를 천하에 보이시도록 하십시오.

어진 신하를 가까이 두시고 소인을 멀리한 것이야말로 전한(前漢)의 문제와 무제께서 나라를 융성하게 하신 기초이며, 소인을 가까이 두고 어진 신하를 멀리 한 것은 후한(後漢)의 환제와 영제가 사직을 쇠퇴하게 만든 이유였습니다.

신은 한낱 포의(布衣)의 몸으로 원래 남양 땅에서 스스로 밭을 갈아 난세를 근근이 살고자 했을 뿐, 제후의 밑에 가서 벼슬하여 몸의 영달을 꾀하려고 전혀 생각하지 않았습니다. 그러나 선제께서는 신의 비천함을 꺼려하지 않으시고 고귀한 신분으로 친히 방문하시어 저의 초가집을 찾으시기를 세 번, 당세의 방책을 물으셨습니다.

신은 이에 감격하여 선제를 위해 한 몸을 바쳐 헌신할 것을 맹세하였던 것입니다.

선제께서는 붕어하실 때 신을 부르시어 국가 대사를 부탁하셨습니다. 그 후 신은 밤낮으로 송구하여 선제의 명령을 성취하고자 노력하고, 또 부탁하신 보람이 나타나지 못할까, 그리고 선제의 명민하심을 상하지나 않을까 항상 두려워하고 있습니다. 그래서 작년 5월 남쪽의 노수를 건너 불모의 땅에 깊이 들어갔고, 이로써 남쪽의 만족은 완전히 평정되었습니다. 그 후 군사의 힘도 길렀고 병기도 넉넉해졌으므로 이제 대군을 거느리고 북진해서 위나라를 쳐 중원을 평정하여 한나라 사직을 부흥하고 도읍을 낙양으로 돌려가고자 합니다.

이야말로 신이 선제의 은혜에 보답하고 폐하께 충절을 다하는 길입니다. 그리고 이것이 신에게 주어진 평생의 임무이기도 합니다.

폐하께서는 신에게 적을 치고 공을 세우라고 위탁하옵소서. 공이 없으면 신은 벌로써 선제의 혼에 고하겠습니다.

아무쪼록 선정을 베푸시고 바른 말을 받아들이셔서 깊이 선제의 유언에 따르시옵소서.

지금 먼 곳으로 떠남에 있어 표(表)에 임해 슬피 울며 말할 바를 잊었습니다.

제갈량이야말로 인류 역사상 가장 뛰어난 참모 중의 참모라고 할 수 있다.

그는 천하 삼분지계를 헌책하여 유비에게 촉나라를 세우게 하였고, 적벽대전에서 조조의 대군을 몰살시키게 만들었던 최고의 군사(軍師)이자 명참모였다. 맹획을 칠종칠금 끝에 심복으로 만들었고, 노회한 사마의의 군대를 공성계(空城計)로써 물리쳤으며, 심지어 그가 세상을 떠났을 때도 '죽은 공명이 산 사마의를 쫓는' 기막힌 작전을 구사하였다는 말이 나올 정도였다.

그는 지략가일 뿐만 아니라 의리를 목숨처럼 중시하였고 평생을 성실한 인간성으로 살았던 군자 중의 군자였다. 한마디로 그는 한나라 왕실의 부흥이라는 이상을 실현시키기 위해 헌신한 순교자였던 것이다.

리더라면 누구나 제갈량과 같은 참모를 곁에 두고 싶을 것이다. 그렇다면 유약한 리더로 평가받는 유비가 그를 얻을 수 있었던 비결은 과연 무엇일까? 앞서 얘기한 제갈량의 출사표에 그 해답이 나와 있다.

선제께서는 신의 비천함을 꺼려하지 않으시고 고귀한 신분으로 친히 방문하시어 저의 초가집을 찾으시기를 세 번, 당세의 방책을 물으셨습니다.

신은 이에 감격하여 선제를 위해 한 몸을 바쳐 헌신할 것을 맹세하였던 것입니다.

그것은 다름 아닌 사람의 마음을 얻었기 때문이다.

유비는 자신을 낮춤으로써 사람의 마음을 얻을 줄 아는 리더였다. 제갈량 역시 이를 통해 그의 사람됨을 알아보고 기꺼이 그의 참모가 되기로 결심한 것이다.

지금 곁에 두고 싶은 사람이 있는가?

그렇다면 그 사람의 마음을 얻어라.

✝제갈량(諸葛亮) 중국 삼국시대 촉한의 모신(謀臣). 자는 공명(孔明)이며, 별호는 와룡(臥龍)·복룡(伏龍)이다. 형주의 초야에서 지내던 중 29세에 유비의 삼고초려로 세상에 나온 후 갖은 재략과 웅재로써 유비를 도와 촉한을 건국하는 제업을 이루었다.

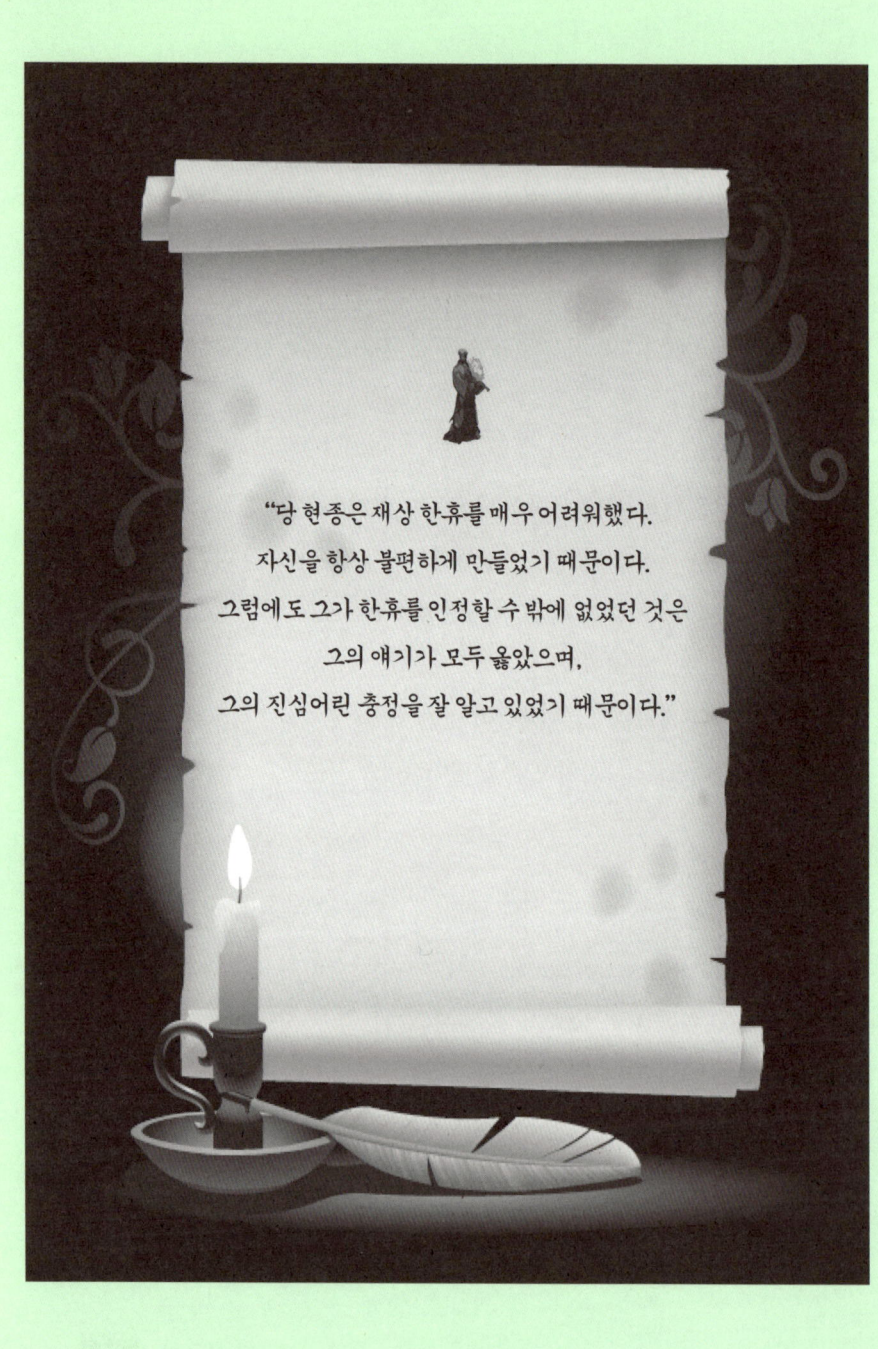

"당 현종은 재상 한휴를 매우 어려워했다.
자신을 항상 불편하게 만들었기 때문이다.
그럼에도 그가 한휴를 인정할 수밖에 없었던 것은
그의 얘기가 모두 옳았으며,
그의 진심어린 충정을 잘 알고 있었기 때문이다."

"리더가 두려워하는 사람이 되라"

- 당 현종의 명참모 한휴

開元之治(개원지치) - 중국 당나라의 현종(玄宗)이 다스린
개원 연간의 치세 또는 그 시기에 이루어진 것과 같은
태평성대를 비유하는 말.

양귀비와의 비극적인 사랑으로 유명한 당나라 현종은 즉위 초 '개원지치(開元之治)'라고 불리는 선정을 베풀었던 황제로 유명하다.

현종 21년 한휴(韓休)가 재상이 되었다. 그는 매우 곧은 성격의 인물이었다. 이에 현종 역시 자신이 지나친 쾌락을 즐기고 있다는 생각이 들 때면 스스로 마음을 다잡으며 신하들을 향해 다음과 같이 물었다고 한다.

"지금 이 사실을 한휴가 아느냐, 모르느냐?"

하지만 언제나 이 말이 끝나기가 무섭게 곧바로 한휴의 상소가 올라왔다.

어느 날 많은 신하들이 "한휴가 재상이 되고 난 뒤 폐하의 옥체가

쇠약해지셨습니다"라며 은근히 한휴를 비방하였다.

그러자 현종은 이렇게 말했다.

"비록 짐은 쇠약해졌지만, 천하는 그로 인해 살이 쪘다."

• •

주나라 주공(周公)은 보좌역의 모범을 보인 인물이었다.

지금까지도 주나라는 중국 및 동양사에서 가장 모범적인 국가의 전형으로 숭앙받고 있다. 그런 주나라의 토대를 만든 인물은 바로 강태공과 주공이라는 걸출한 인물이었다.

잘 알려져 있다시피, 강태공은 '궁팔십 달팔십(窮八十 達八十)'이 라고 해서 자그마치 팔십 년 동안이나 뜻을 얻지 못해 낚시로 소일 해야만 하였다. 오늘날 낚시꾼을 가리켜 강태공이라 부르는 것도 여 기서 유래하였다. 그렇게 낚시로 소일하던 그는 마침내 주나라 문왕 의 눈에 띄어 일약 왕의 스승이 되었고, 이후 주나라가 천하를 장악 하는 데 결정적인 역할을 하였다.

주공은 주나라 무왕의 동생으로서 무왕이 세상을 떠난 후 정국의 혼란을 수습하고 주나라의 정치, 토지, 행정, 예법 등 모든 체제를 완 성시킨 인물이다. 특히 그는 덕치주의를 강조하였는데 공자 역시 그 를 가장 모범적인 군자의 표상으로서 존경할 정도였다.

무왕이 세상을 떠나자 아직 나이어린 태자가 뒤를 이었는데 그가 바로 성왕이었다. 이때 주공은 스스로 섭정이 되어 국사를 도맡아 다스렸다.

미인은 질투받기 마련이고, 선비는 모함받기 마련이다. 많은 사람들이 나서서 주공이 성왕의 자리를 결국 빼앗고 말 것이라며 모함하였다.

이에 주공은 강태공과 아우 소공을 불러 이렇게 말하였다.

"내가 굳이 천자의 임무를 대신하고 있는 것은 제후들이 왕실에 대하여 반란을 일으킬 것을 우려하기 때문이오. 만약 내가 왕위를 빼앗는 사태를 일으킨다고 하면, 내가 죽어 과연 선친들께 무슨 말씀을 아뢸 수 있겠습니까? 선친들께서 오랜 세월을 노력하신 결과가 이제야 그 열매를 맺었지만, 무왕께서 세상을 떠나시고 성왕은 아직 나이가 너무 어리오. 그래서 나라의 기반을 공고하게 만들어놓기 위해 감히 섭정의 자리에 앉은 것이오."

이는 한 치도 틀림없는 주공의 본심이었다. 그는 섭정 기간 동안 관제(官制)를 새로 정하고 예악을 새로 제정하는 등 나라의 기틀을 확고하게 세웠다. 실제로 정전제와 봉건제 등 주공이 이때 제정했던 제도는 이후 중국 및 동양의 여러 나라에 정치, 경제, 사회 등 모든 측면에서 모범적인 본보기로서 커다란 영향을 끼쳤다. 또 성왕이 성장하자 그는 섭정을 거두고 스스로 물러나 신하의 위치로 돌아갔다. 그리고 자신의 아들 백금을 영지인 노나라로 보내면서 다음과 같이 말하였다.

"나는 문왕의 아들이며, 무왕의 아우요, 성왕의 숙부이다. 그래서 제후들 중에서 가장 고귀한 신분으로 대접 받고 있는 몸이다. 하지만 누군가가 나를 방문하러 올 때면 머리를 감다가도 중단하였으며, 식사를 하다가도 곧바로 뛰어나가 그를 만났다. 그래서 한 번 머리를 감으려면 세 번씩이나 머리를 손으로 잡고 있어야 했고, 식사할 때마다 입에 넣었던 음식을 세 번씩 뱉어야 했다. 그러면서도 자나 깨나 미흡한 점이 없는지, 천하의 어진 사람들을 놓치고 있진 않는지 염려하며 지내왔다. 그러니 너도 노나라에 가거든 비록 나라를 다스리는 높은 지위에 있다고는 하지만 결코 교만하게 굴어서는 안된다는 사실을 명심하여라. 또한 위에 있는 사람은 다음과 같은 네가지를 지켜야 한다.

첫째, 친족을 소홀히 하지 말 것.

둘째, 중신(重臣)에게 자기가 무시당했다는 생각을 갖게 하지 말 것.

셋째, 옛 친구는 웬만한 이유 없이 버리지 말 것.

넷째, 한 사람에게 너무 많은 것을 기대하지 말 것. 반드시 이 네가지를 명심하도록 하여라."

예로부터 성군(聖君)과 현신(賢臣)은 불가분의 관계이다. 명참모없는 훌륭한 임금 없고, 훌륭한 임금 밑에 못난 참모가 없는 것은 바로 이 때문이다.

훌륭한 리더는 늘 훌륭한 참모를 구하려 애쓴다. 이는 동서고금을 초월한 진리이다. 제갈량을 참모로 얻기 위한 유비의 '삼고초려(三

顧草廬)'가 대표적인 예이다.

훌륭한 참모를 구하려면 우선 훌륭한 참모를 알아봐야 한다. 그런데 그게 쉽지 않다. 그래서 뛰어난 참모를 판별하는 방법이 예로부터 많이 전해온다. 그 중 하나가 『사기』 '위세가'편에 나오는 전국시대 초기 이극이 위나라 문후에게 훈수한 '사람을 살피는 다섯 가지 표준'이다.

"평소에는 그와 가까운 사람을 살피고, 부귀할 때는 그와 왕래가 있는 사람을 살피고, 관직에 있을 때는 그가 천거한 사람을 살피고, 곤궁할 상황에서는 그가 하지 않은 일을 살피고, 어려울 때는 그가 취하지 않는 것을 살피십시오."

앞서 말했다시피, 당 현종은 재상 한휴를 매우 어려워했다. 그가 황제인 자신을 항상 불편하게 만들었기 때문이다. 그럼에도 한휴를 인정할 수 밖에 없었던 것은 그의 얘기가 모두 옳았으며, 그의 진심 어린 충정을 잘 알고 있었기 때문이다.

*한휴(韓休)_ 당 현종 때의 재상. 직언을 서슴지 않아 매번 현종을 불편하게 한 것으로 유명하다.
**주공(周公)_ 주나라의 정치가로, 문왕의 아들이자 무왕의 동생이다. 성은 희(姬), 이름은 단(旦)이며, 노(魯)나라의 공(公)으로 봉해졌다. 주로 주공 단이라고도 불린다.

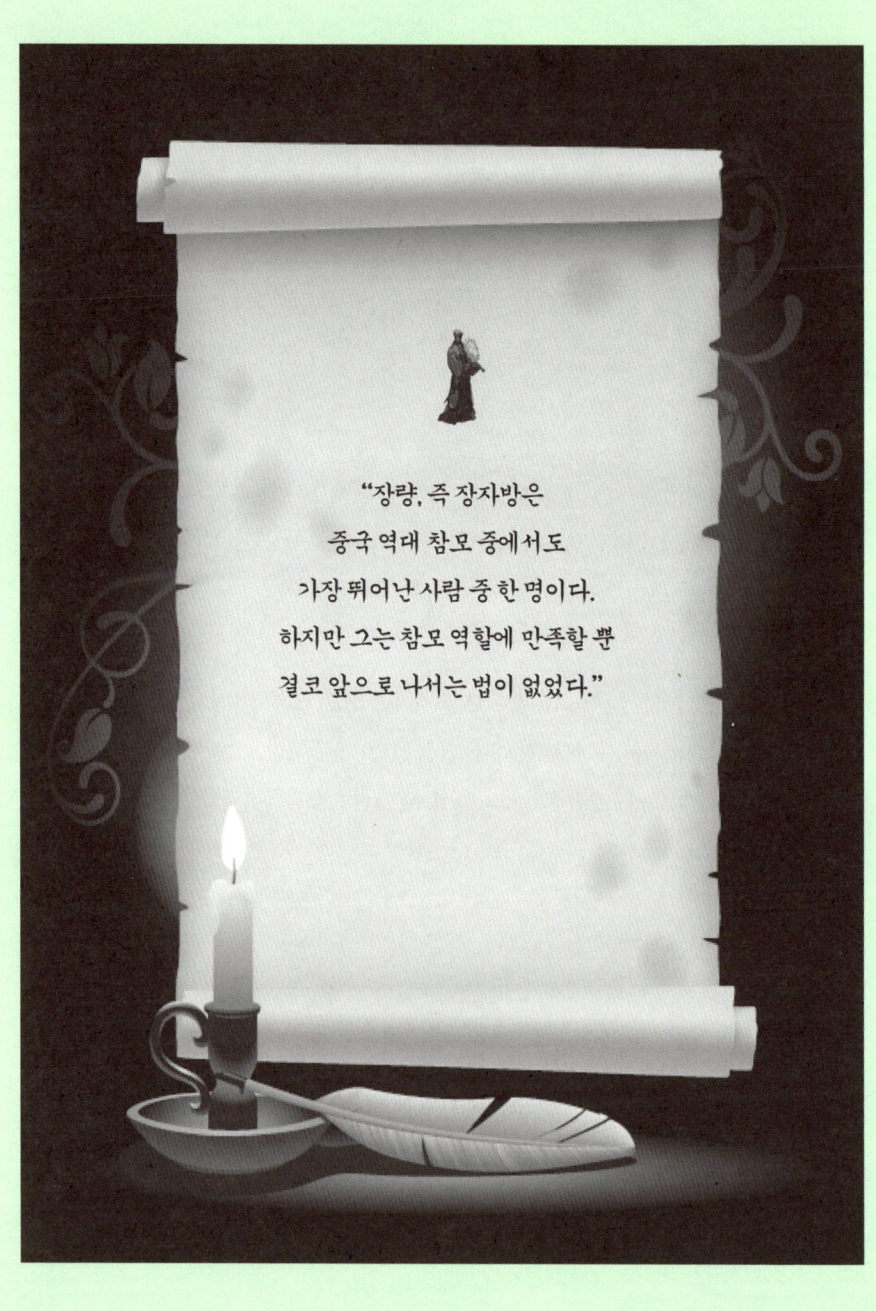

"장량, 즉 장자방은
중국 역대 참모 중에서도
가장 뛰어난 사람 중 한 명이다.
하지만 그는 참모 역할에 만족할 뿐
결코 앞으로 나서는 법이 없었다."

"본분을 망각하지 마라"

– 한고조 유방의 명참모 장량

長目飛耳(장목비이) – '긴 눈과 날아다니는 귀'라는 뜻으로,
천리 밖의 일까지도 꿰뚫어볼 수 있는 통찰력을 말함.
– 『管子』

한고조 유방이 천하통일 후 낙양에 머물고 있을 때였다.

대궐에서 내려다보니 장수들이 여기저기 무리를 지어 앉아 무슨 말인지 쑥덕거리고 있었다. 이에 장량을 불러 물었다.

"저 자들은 매일같이 저렇게 모여서 도대체 뭘 하는 것이오?"

그러자 장량이 의아한 표정을 지으며 대답하였다.

"폐하께서는 아직 모르셨습니까? 저들은 반란을 모의하고 있는 중입니다."

고조가 깜짝 놀라 반문하였다.

"아니, 이제야 천하가 안정되었는데 반란이라니. 이 무슨 망발이오?"

이에 장량이 찬찬히 설명하기 시작하였다.

"폐하께서는 한낱 서민으로부터 일어나 저 사람들을 부려 천하를 장악하셨습니다. 그런데 천자가 되신 지금 땅을 하사 받은 자들은 소하라든가 조참과 같이 옛날부터 폐하의 마음에 들어 온 사람들뿐인 반면 벌을 받은 자는 평소부터 폐하의 미움을 샀던 사람들입니다.

현재 각 개인의 공적을 평가하고 있는 중입니다만 필요한 땅을 모두 계산하면 천하의 땅 덩어리를 모두 준다고 해도 모자랄 지경입니다. 그래서 저 사람들은 폐하께서 자신들 모두에게 땅을 내리시지는 못할 것 같으니, 과거의 과실을 들추어내어 오히려 주벌을 도모하시지나 아니할까 두려워하여 저렇게 모여 앉아 반란을 모의하고 있는 것입니다."

이 말을 들은 고조는 심각한 표정을 지었다.

"그럼 어떻게 하면 좋겠소?"

"폐하께서 평소에 가장 못마땅해 하셨고 그 사실을 남들이 다 인정하는 그런 인물이 있는지요?"

"그야 두말할 필요도 없이 옹치지. 그 자는 나를 여러 번 골탕 먹였거든. 지금이라도 죽여 버리고 싶은데 공적이 크기 때문에 참고 있는 중이오."

"그러시다면 우선 옹치에게 벼슬을 내리시고 이를 여러 신하들이 모인 자리에서 직접 발표하십시오. 옹치가 벼슬을 받았다고 하면 다른 사람들도 모두 저절로 조용해질 것입니다."

그 말을 들은 고조는 술자리를 베풀고 동시에 옹치에게 벼슬을 내리는 한편 승상과 어사를 독촉하여 조속히 상을 주도록 하였다. 아니나 다를까 군신들은 모두 술잔을 부딪치며 환호성을 올리며 주절거렸다.

"옹치도 벼슬을 받았는데 하물며 우리야 기다리기만 하면 된다오."

장량, 즉 장자방(張子房)은 중국 역대 참모 중에서도 가장 뛰어난 사람 중 한 명이다. 그는 유방이 지적한 바와 같이 장막 안에서 계략을 꾸미며 천리 밖의 승리를 얻는 데 있어서 누구도 따를 수 없는 제1인자였다. 무적 항우를 마지막으로 몰아넣었던 '사면초가'의 전술도 그가 생각해낸 것이었다.

하지만 그는 참모 역할에 만족할 뿐 결코 앞으로 나서는 법이 없었다. 그는 한고조가 천하통일을 이룬 후 하사한 엄청난 규모의 영지조차 사양하고, 스스로 벼슬자리에서 물러나 도사로 살면서 여생을 유유자적 즐기며 천수를 누렸다.

이에 반해 한신, 팽월, 경포 등은 큰 공을 세우고도 끝까지 벼슬자리에 머물러 있다가 결국 모두 토사구팽으로 참수 당해야 하는 비운에 처하고 말았다.

장량은 권력의 생리를 잘 알고 있었으므로 비정하고도 살벌한 권력 투쟁이 벌어지는 그곳을 스스로 떠났던 것이다.

무엇보다도 그에게는 개인적인 욕망이 없었다. 그는 전국시대 한(韓)나라 출신이었다. 그의 집안은 대대로 한나라 재상을 지낸 명문가였다. 하지만 장량이 조정에 나아가기 위해 열심히 학문을 닦던 중 진나라 진시황의 손에 의해 조국 한나라가 멸망당하고 말았다. 이후 그에게는 오직 멸망한 조국에 대한 애정이 있을 뿐이었다. 이에 힘센 장사를 고용하여 120근에 달하는 철퇴로 진시황을 저격하였지만 실패하고 말았다.

그 후 유방의 진영에 참여하면서 결국 조국을 멸망시킨 진나라를 멸망시키는 데 큰 역할을 담당하였고, 또한 한나라의 왕을 암살했던 항우에 대한 보복도 결국 이루었다.

어쩌면 그에게 있어서는 유방조차도 그의 목적을 실현시키기 위한 도구에 불과하였는지도 모른다. 하지만 결코 앞서지 않고 리더의 뒤를 든든하게 받쳐주는 그야말로 유능하면서도 가장 깨끗하고 현명한 참모의 '표준'일 것이다.

---

*장량(張良)＿ 자는 자방(子房). 한나라 명문 출신으로, BC 218년 박랑사(博浪沙)에서 시황제(始皇帝)를 습격했으나 실패, 하비에 은신하고 있을 때 황석공(黃石公)으로부터 『태공병법서(太公兵法書)』를 물려받았다고 한다. 진승·오광의 난이 일어났을 때 유방의 진영에 가담하였으며, 후일 항우(項羽)와 유방이 만난 '홍문의 회(會)'에서 위기에 빠진 유방을 구하였다.

"좋은 일을 하나 하는 것보다 나쁜 일을 하나 하지 않는 것이 더 낫다"

– 칭기즈칸의 명참모 야율초재

興一利不若除一害(흥일리불약제일해) – 하나의 이익을 일으키는
것이 하나의 폐단을 없애는 것만 못하다는 말.

– 『韓非子』 세난편

세계 역사상 전무후무한 대제국을 건설했던 칭기즈칸! 그를 최고의 지도자로 만들고 문명인으로 인도한 사람은 다름 아닌 야율초재(耶律楚材)라는 명참모였다.

야율초재의 집안은 원래 요나라의 왕족이었다. 그리고 요나라가 금나라에 멸망당한 뒤에는 대대로 높은 벼슬을 지냈다. 하지만 칭기즈칸에 의해 금나라의 수도 연경이 함락될 당시 포로로 사로잡히고 말았다.

이때 칭기즈칸은 직접 그를 심문하였다.

"짐이 그대의 조국 요나라의 원수를 갚아주었는데, 지금 그대의 심경은 어떠한가?"

야율초재는 눈썹 하나 꿈쩍하지 않은 채 담담하게 대답하였다.

"신의 조부도, 아비도, 그리고 신도 모두 금나라에 출사하였습니다. 한 번 신하로 따른 이상 두 마음을 품을 수는 없는 것입니다. 저는 전혀 금나라에게 복수할 생각이 없습니다."

그 말을 들은 칭기즈칸은 그의 인품에 반한 나머지 그를 죽이는 대신 보좌역으로 기용하였다.

야율초재는 어려서부터 한족 출신인 어머니로부터 중국식 교육을 받았다. 특히 천문, 지리, 역법, 정치에 밝았고, 유교, 불교, 의학, 점술에도 고루 능하였다. 칭기즈칸은 그 많은 전쟁을 하면서 언제나 야율초재의 전략 전술과 점성술을 존중하여 따랐으며, 정치 분야에서도 그의 의견을 경청하였다.

칭기즈칸은 그를 두고 이렇게 말하곤 하였다.

"야율초재는 하늘이 우리에게 내린 사람이다. 앞으로 모든 정사는 그의 의견대로 집행하라."

야율초재는 서류가 산더미처럼 쌓여 있어도 그것을 처리하는 데 있어 한 치도 그릇됨이 없었다. 조정에 있을 때는 엄숙한 태도를 잃지 않았고, 권력에 굴복하는 일이 없었으며, 항상 자신을 희생하여 국가에 헌신하였다. 그리고 국가의 중대사나 백성들의 생활에 대해 항상 성실한 자세로 말하였다.

칭기즈칸이 세상을 떠난 후 어느 날 그가 대궐에 들어갔을 때의 일이다. 황제가 그를 보더니 다음과 같이 말하였다.

"공께서는 또 백성들을 위해 큰소리로 울려고 들어왔소?"

그러자 야율초재는 다음과 같이 말하였다.

"한 가지 이로움을 일으키는 것보다 한 가지 해로움을 없애는 것이 낫고, 한 가지 일을 보태는 것보다 한 가지 일을 덜어내는 것이 낫습니다(홍일리불여제일해, 興一利不如除一害)."

당시 원의 법령은 그야말로 엄격하기 짝이 없었다. 물을 더럽힌다든가 불 속에 침을 뱉는 행위, 그리고 절도, 거짓말, 간첩 행위, 간통, 남색(男色), 계간(鷄姦) 등의 행위를 범한 자는 모조리 사형에 처하도록 되어 있었던 것이었다. 이는 물론 원나라의 전통사회를 유지시켜온 방법이기는 했지만 한족을 비롯한 이민족에게는 지나치게 가혹하였다. 따라서 이민족들은 원나라 사람만 보면 무서워하여 무조건 피하려 했다. 이 사실을 알게 된 야율초재는 법령을 대폭 손질해 완화시켰다.

그는 18개 조항으로 이뤄진 법령을 공포, 국가가 모든 징세권을 갖도록 하여 지방 관리들의 수탈을 막았다. 이에 황제 오고타이는 대부분의 조항에 찬성했지만 '예물 헌상 금지' 조항에는 불만을 표시하였다.

"상대방이 헌납하기를 원할 경우에는 상관없지 않겠소?"

그러나 야율초재는 단호하게 말하였다.

"모든 해악이 바로 거기서부터 비롯되는 것입니다."

이에 오고타이는 크게 탄식하였다.

"짐은 이제껏 그대의 의견에 따르지 않은 것이 없지만, 그대는 단 한 번도 짐의 뜻을 따르는 일이 없구려!"

한편 그는 한족에게도 관대한 정책을 썼다. 반면, 원의 관리들은 "한족들이란 국가에 아무런 이익도 없는 존재들이다. 그러니 모두 죽여 없애야 한다. 차라리 그곳을 목초지로 만드는 것이 낫다. 그렇게 하면 좋은 목초라도 잘 자라날 테니까"라며 야율초재의 정책에 크게 반발하였다.

그러나 야율초재는 단호했다.

"이제 곧 남쪽의 금나라를 쳐야 하는데 막대한 군자금이 필요하오. 한족 땅에는 지세(地稅), 상세(商稅), 소금, 술, 철 등의 이익이 있으며, 은 50만 냥과 곡물 40만 석의 세금이 얻어지오. 지금 그대들의 말대로 한족들을 모조리 죽여 버린다면, 도대체 어디서 그것들을 구할 수 있단 말이오? 한족들이 전혀 무용지물이라는 것은 말도 안 되오."

그러자 아무도 대답을 하지 못하였다.

실제로 그는 한족 등용에도 앞장섰다. 그 결과, 4천30여 명의 한족 지식인들이 등용되었다.

그러나 그가 죽은 후 그를 중상 모략하는 이들이 나타났다.

"야율초재는 오랫동안 고관의 자리에 있으면서 엄청난 재산을 모았다고 합니다."

이에 황제가 그의 집을 즉시 수색하라는 명령을 내렸지만 그의 집에서 나온 것은 악기와 책, 지도, 그리고 금석문이 고작이었다.

해로운 일을 제거하는 것이 이로운 일을 시작하는 것보다 더 중요하다. 왜냐하면 해로운 일은 두고두고 사람들을 힘들게 하며, 반드시 해야 할 일들에 힘을 쏟지 못하게 할 수 있기 때문이다. 그래서 야율초재는 "한 가지 이로운 일을 시작하는 것은 한 가지 해로운 일을 없애는 것만 못하다"고 말했던 게 아닐까.

　단순함은 곁가지를 쳐내고 핵심만을 남기는 것이다. 이를 통해 핵심과 간결함이 더해져 더욱 확실하고 심오한 의미를 지니게 되는 것이다.

　우리는 항상 뭔가를 해서 어떤 성과를 남기려고 애쓴다. 그 결과, 좋은 일을 하나 하려고 하는 것보다는 나쁜 일을 하나 하지 않은 것이 더 중요하다는 사실을 간과하고 있다.

　명심하라. 어떤 일을 하지 않음으로써 오히려 훨씬 더 좋은 결과를 얻을 수 있다는 사실을.

---

*야율초재(耶律楚材)　몽골 제국 초기의 공신으로 오고타이의 즉위를 도와 중서령(中書令)이 되었고 금나라가 멸망하자 화북(華北) 지역의 실정에 적합한 정치를 폈다. 세제(稅制)를 정비하여 몽골제국의 경제적 기초를 확립하였다.

"성공한 리더에겐
'직언'하는 사람이 반드시 있다.
잘못된 방향으로 가고 있을 때
누군가 나서서 거침없이 한마디 할 수 있을 때
조직은 산다."

"목숨 걸고 직언하라"

- 당 태종의 명참모 위징

指鹿爲馬(지록위마) – '사슴을 가리켜 말이라 한다'는 뜻으로,
윗사람을 농락하고 권세를 함부로 부리는 것을 비유한 말.
－『**史記**』진시황본기

올바른 참모는 '직언'을 서슴치 않는다.

직언이란 몸에는 좋으나 입에 쓴 약과도 같다. 때문에 많은 리더들이 그것을 제대로 받아들이지 않는다. 그러나 직언을 기꺼이 받아들이고 잘못을 시정한 사람은 모두 역사에 길이 남는 업적을 이룰 수 있었다. 하지만 직언을 하는 데는 자칫 목숨을 잃을 수도 있기 때문에 큰 용기가 필요하다.

중국의 수많은 황제 중에서도 가장 명군으로 일컬어지는 이가 바로 당 태종 이세민이다. 비록 우리에게는 고구려 침략으로 인해 그 이미지가 좋진 않지만, 중국 한족 역사상 최고의 전성기를 구가하였고, '정관(貞觀)의 치(治)'라 하여 치세에 있어 가장 모범을 보여준

황제로 손꼽히고 있다. 그 결과, 그의 행적을 기록한 『정관정요(貞觀政要)』는 오늘날까지 제왕학(帝王學)의 기본서로 널리 알려져 있다.

그의 옆에는 위징(魏徵)이라는 명참모가 있었다 위징이 있음으로써 그는 천하 명군이라는 이름을 얻을 수 있었던 것이다.

위징은 언제나 직언을 서슴지 않았다. 당 태종 역시 그의 공격적인 직언을 아무런 노여움 없이 잘 받아들여 자기 수양과 치세에 적극 활용하였다.

어느 날 당 태종이 신하들을 불러 모은 자리에서 물었다.

"나라를 세우는 창업(創業)과 나라를 온전히 지키는 수성(守成) 중 어느 것이 더 어려운 것인가?"

재상 방현령이 먼저 대답하였다.

"아직 질서가 잡히지 않았을 때는 군웅이 들고 일어나기 때문에 그들과 힘을 겨뤄 이긴 다음에 그들을 신하로 삼아야 합니다. 그러므로 창업이 더 곤란하다고 생각합니다."

하지만 위징은 그와 다른 의견을 폈다.

"예로부터 제왕의 자리는 간난 속에서 어렵게 얻었다가 안일 속에 쉽게 잃는 법이니 수성이 훨씬 더 어려울 것으로 생각됩니다."

그러자 당 태종이 다음과 같이 말하였다.

"방현령은 나와 함께 천하를 얻기 위하여 몇 번이나 죽을 고비를 부딪치고 겨우 살아남았으니 당연히 창업의 어려움을 알고 있는 것이오. 반면, 위징은 천하를 얻은 뒤에 나와 함께 천하를 다스려 항상 교만과 사치는 부귀에서 생겨나고 환란은 일을 소홀하게 하는 데서 생겨남을 두려워하고 있었소. 그래서 수성의 어려움을 알고 있는 것이오. 하지만 지금은 창업의 어려움은 이미 지나갔고, 이제 수성의 어려움에 직면하여 있소. 이제부터 경들과 함께 두려워하고 삼가 하여 이 수성의 과업을 온전히 이루고자 하오."

원래 당 태종 이세민은 이른바 '현무문(玄武門)의 변(變)'이라는 정변을 일으켜 형과 동생의 일족을 모조리 죽이고 황제의 자리에 오른 인물이었다. 위징은 바로 태종이 죽인 큰 형 이건성의 참모였다. 이미 이세민에게 큰 야심이 있음을 간파하고 있었던 위징은 태자 이건성에게 몇 번에 걸쳐 먼저 손을 써서 태종을 제거하라고 건의하였지만 이건성은 끝내 그의 의견을 받아들이지 않다가 선제공격을 받아 결국 죽임을 당하고 말았다.

형을 죽이고 태자의 자리에 오른 이세민은 즉시 위징을 불러 그가 형제 사이를 이간시키려 했다는 죄목으로 엄하게 국문하였다. 하지만 위징은 얼굴색 하나 변하지 않고 태연자약하게 하나하나 논리정연하게 답변했다.

"태자께서 신의 말을 따랐더라면 반드시 오늘의 화는 없었을 것입니다."

이 말을 듣고 있던 이세민은 고개를 끄덕였다. 그리고 위징의 사람됨에 크게 감탄하여 그를 옆에 두고 중용하였다.

바른 말을 하는 강직한 신하와 아첨하는 신하는 모습만 달리할 뿐 항상 우리 곁에 존재한다.

『효경』에 다음과 같은 말이 있다.

"천자(天子)에게 직언을 하는 신하 일곱 명이 있으면 비록 자신이 도(道)가 없다 할지라도 천하(天下)를 잃지 않는다. 제후(諸侯)에게 직언을 하는 신하 다섯 명만 있으면 비록 제후가 도(道)가 없더라도 나라를 잃지 않는다. 대부(大夫)가 직언을 하는 가신(家臣) 세 사람을 두고 있으면 비록 대부가 막되어 먹었어도 그 집을 잃지 않는다. 선비에게 직언을 하는 친구가 있으면 명예(名譽)가 그 선비의 몸에서 떠나지 않으며 아버지에게 직언을 하는 자식이 있으면 그 아버지는 불의(不義)에 빠지지 않는다. 그런 까닭에 불의를 당하면 자식은 아버지에게 간(諫)하지 않을 수 없고, 신하는 임금에게 간하지 않을 수 없는 것이다."

성공한 리더에겐 '직언'하는 사람이 반드시 있다. 사실 직언이 어렵고 불편한 것은 듣는 사람뿐만 아니라 말하는 사람이 더하다. 사람은 기본적으로 권위에 약하고 다수의 여론에 휩쓸리는 경향이 있다. 때문에 리더가 직언을 장려하는 제도적 장치나 시스템을 만들어놓지 않고 억지로 하라고만 하면 진정성 없는 제스처가 되기 쉽다.

'지록위마(指鹿爲馬)'는 윗사람이 사실이 아닌 것을 사실로 만들어 아랫사람들을 권위에 굴복하게 할 때 인용되는 고사성어다.

진시황제가 죽자 환관 조고는 거짓 조서를 꾸며 태자 부소를 죽이고, 어리석은 호해를 2대 황제로 세웠다. 그리고 자신은 승상이 되어 권력을 장악하였다. 이에 중신들 가운데 자신을 반대하는 사람을 가려낼 필요가 있어 호해에게 사슴을 바치면서 다음과 같이 말하였다.

"폐하, 말(馬)을 바치오니 거두어 주시오소서."

호해가 좌우 신하들을 둘러보며 물었다.

"어떻소? 그대들의 눈에도 말로 보이오?"

그러자 몇몇 충신들이 호해에게 사슴이 아니라 말이라고 사실을 고했다. 조고는 이때 사실대로 말한 신하들을 기억해두었다가 나중에 이들에게 죄를 씌워 모두 죽여 버렸다. 그 후 궁중에는 조고의 말에 반대하는 사람이 하나도 없었다.

만일 직원들이 반대를 표현하기 힘들어한다면, 제도화해서라도 직언을 들어야 한다. 잘못된 방향으로 가고 있을 때 누군가 나서서 거침없이 한마디 할 수 있을 때 조직은 산다.

---

*위징(魏徵) _ 중국 당 태종 때의 현신(賢臣). 특히 굽힐 줄 모르는 직간(直諫)으로 유명하다. 원래 태종의 형 이건성의 측근이었으나 쿠테타에 성공한 태종이 그의 인품과 실력에 반해 중용하였다.

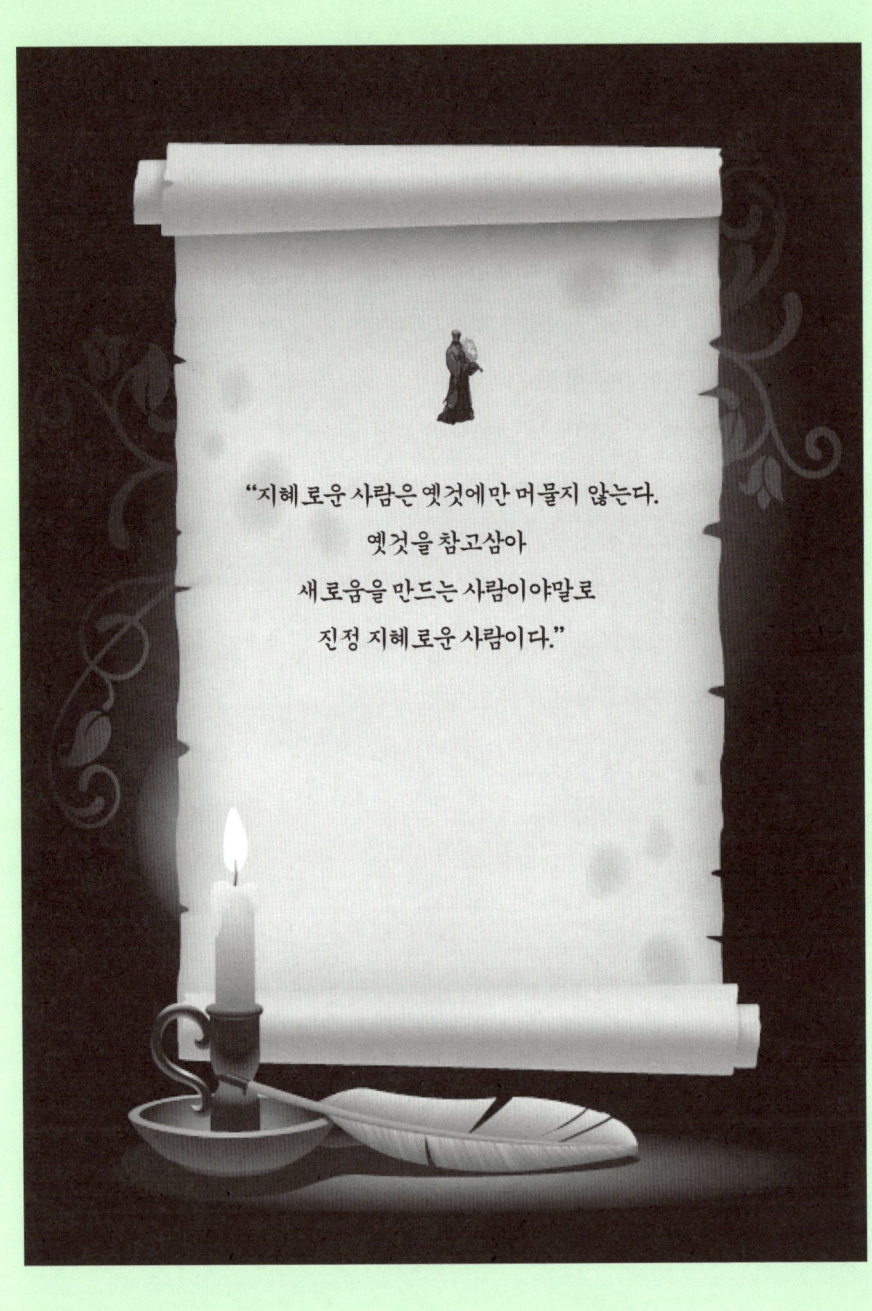

"지혜로운 사람은 옛것에만 머물지 않는다.
옛것을 참고삼아
새로움을 만드는 사람이야말로
진정 지혜로운 사람이다."

"항상깨어 있어라"

– 진 효공의 명참모 상앙

智者作法(지자작법) – '지혜로운 자는 법에 얽매이지 않고
새로운 법을 만든다'는 뜻으로, 스스로 인생을 개척한다는 말.
– 『史記』 상군열전

전국시대 백화제방의 어지럽던 천하를 통일시킨 진나라도 처음에
는 단지 서북방 변두리에 자리 잡은 미개국에 불과했다. 그런 까닭
에 중원 국가들로부터 오랑캐로 경멸당해야만 했다.

그런 진나라를 일거에 강대국 반열에 오르게 만든 인물은 다름 아
닌 상앙이었다. 그는 냉혹하리만큼 엄격한 법가사상을 강력하게 추
진하여 미개한 변두리 나라에 지나지 않던 진나라에 질서체계를 만
들었고 근본적인 사회개혁을 통해 부국의 길로 도약할 수 있는 토대
를 마련하였다.

진나라 왕이었던 효공이 상앙을 중용하자 상앙은 법을 개혁하여
부국강병책을 추진하고자 하였다. 그러나 신하들의 거센 반발을 두

려워 한 효공이 개혁책을 시행하는 데 주저하였다. 이에 상앙이 효공을 설득하였다.

"행동을 주저하면 명성을 얻지 못하고 일을 추진하면서 머뭇거리면 결코 공을 이룰 수 없습니다. 식견이 높은 사람은 세상의 비난을 받기 마련이며 독창적인 생각을 하는 사람도 대부분 백성들의 조롱을 받습니다. 어리석은 자는 일을 분별하는 데 어둡지만 현명한 사람은 보이지 않는 것을 보기 때문입니다. 백성들과는 처음부터 같이 일을 도모할 수 없으며 오직 일이 이뤄진 연후에 비로소 함께 즐길 수 있습니다. 높은 덕을 논하는 사람은 세상과 타협하지 않고 큰 공을 이루는 사람도 남과 상의하는 것이 아닙니다. 그렇기 때문에 성인은 진실로 나라를 부강하게 하는 일이라면 옛 전통을 따르지 않고, 진실로 백성을 이롭게 하는 일이라면 옛날의 예법에 집착하지 않는 것입니다."

그러자 감룡이 반론을 펴고 나섰다.

"그렇지 않습니다. 관습을 바꾸지 않고 백성을 이끄는 사람이야말로 성인이며, 법을 바꾸지 않고 훌륭한 정치를 행하는 사람이야말로 지혜로운 사람입니다. 백성의 관습에 맞추어 가르치면 수고로움이 없이 공을 이룰 수 있고 법에 따라 다스리면 관리들도 익숙하여 백성들도 안심하게 되는 것입니다."

이에 다시 상앙이 반박하고 나섰다.

"감룡의 말은 속된 의견일 뿐입니다. 범인들은 관습에만 의지하며 학자들이란 배운 것에만 집착합니다. 이 두 부류의 사람들은 관직에 앉아 법을 지킬 수는 있어도 그 이상의 일을 해낼 순 없습니다. 예(禮)나 법은 절대 바꿀 수 없는 것이 아닙니다. 하, 은, 주의 3대는 예를 달리 했으면서도 천하를 지배했으며, 춘추5패도 각기 그 법이 달랐으나 모두 패자가 되었습니다. 지혜로운 사람은 법을 만들고 어리석은 사람은 그것을 지킬 뿐이며, 현명한 사람은 예를 바꾸지만 못난 사람은 그것에 얽매이는 법입니다."

그러자 이번에는 신하들이 두 가지 반론을 제기하였다.

"백 배의 이로움이 없으면 법을 바꾸는 것이 아니며, 열 배의 편리함이 없이는 도구를 바꾸지 않습니다. 옛 법을 따르면 과오가 없으며 예에 따르면 잘못이 없습니다."

이에 상앙이 다시 차분하게 설명하였다.

"나라를 이롭게 할 수 있다면 굳이 옛것을 따라야만 하는 것이 아닙니다. 탕왕과 무왕은 옛것을 따르지 않고도 왕자가 된 반면, 하나라와 은나라는 예를 바꾸지 않았지만 결국 망하고 말았습니다. 그러니 무조건 옛것에 따르지 않는다고 모두 잘못된 것은 아닙니다. 그리고 예를 잘 지킨다고 해서 무조건 잘하는 것도 아닙니다."

얘기를 다 들은 효공은 상앙의 주장에 찬성하였다. 결국 상앙은 재상으로 중용되었고, 상앙이 추진한 '20급작(級爵)제노'는 신나라 군사체제를 획기적으로 강화시킴으로써 이후 진나라는 급속하게 강대국으로 성장할 수 있었다.

'전례(前例, 이전부터 있었던 사례)가 없어서….'

많은 사람들이 책임을 지지 않기 위해서 흔히 사용하는 말이다. 그렇다면 전례를 만들 수는 없는 걸까. 사람들은 뭔가를 새롭게 시도하는 걸 매우 두려워한다. 아니, 책임지는 걸 싫어한다. 그러다보니 자신의 인생임에도 불구하고 수동적이고 타인에 의해 이끌려가는 삶을 사는 경우가 많다.

온고지신(溫故知新, 옛것을 익히고 그것을 미루어서 새것을 앎. 다시 말하면, '옛 학문을 되풀이하여 연구하고, 현실을 처리할 수 있는 새로운 학문을 이해하여야 비로소 남의 스승이 될 자격이 있다'는 뜻)이라고 하였다. 지혜로운 사람은 옛것에만 머물지 않는 법이다. 옛것을 참고삼아 새로움을 만드는 사람이야말로 진정 지혜로운 사람이다.

*상앙(商鞅) 중국 전국시대 진(秦)나라의 정치가. 진 효공에게 채용되어 부국강병의 계책을 세워 여러 방면에 걸친 대 개혁을 단행해 후일 진 제국 성립의 기반을 세웠다. 10년간 진나라의 재상을 지내며 엄격한 법치주의 정치를 폈다.

"나아갈 때와 물러설 때를 잘 알아라"

– 월 구천의 명참모 범여

> 動善時(동선시) – '움직임에는 때가 있어야 한다'는 뜻으로,
> 모든 행동은 때에 맞아야 한다는 말.
> – 『道德經』

현명한 처신을 한 인물로 장량과 함께 칭송되는 사람이 바로 '범여'이다.

월나라 왕 구천이 22년 만에 와신상담의 숙적 오나라를 멸망시킨 데에는 그의 도움이 컸다. 이에 구천은 오나라를 격파한 후 그에게 상장군(上將軍)이라는 최고 벼슬을 내렸다. 그러나 그는 한사코 벼슬을 사양하였다. 그 이유는 구천이 위험한 인물이라고 생각했기 때문이다.

'이미 목적을 달성한 군주 곁에 오래 있는 것은 위험하다. 구천은 고생을 함께 나눌 수는 있어도 편안함을 함께 나누지는 못할 인물이다.'

이에 그는 구천에게 편지를 올렸다.

군주께서 괴로워하실 때 몸이 부서지도록 일해야 하며, 군주께서 모욕을 당하실 때는 생명을 내던져야 하는 것이 신하의 도리입니다. 회계산에서 대왕께서 치욕을 당하시는 것을 보면서도 생명을 이어온 것은 오직 오나라에 복수하기 위해서였습니다. 그것이 이뤄진 지금 마땅히 그 죄를 달게 받겠습니다.

편지를 받고 깜짝 놀란 구천은 즉시 사자 편에 편지를 보냈다.

"무슨 말을 하는 것인가? 나는 나라를 둘로 나누어 그대와 둘이서 다스리려 하고 있는데 내 말을 듣지 않으면 죽어서라도 듣게 하겠다."

하지만 결국 범여는 가벼운 가재도구와 보석을 배에 싣고 결국 월나라를 떠나고 말았다. 그러자 구천은 회계산 일대에 표지판을 세우고 그곳을 범여의 땅으로 선포하였다.

제나라로 건너간 범여는 이름을 치이자피로 바꾸고 자식들과 함께 땀 흘리며 밭을 갈아 재산을 모았다. 그리고 얼마 지나지 않아 큰 부자가 되었는데, 제나라에서 재상으로 와달라고 간청하였다. 그러자 그가 탄식하며 말하였다.

'들판에서 천금의 재산을 모으고 관가에서 재상의 벼슬에 오르니 그 이상의 명예가 없다. 그러나 명예가 계속되면 오히려 화근이

된다.'

범여는 제나라의 요청을 사양하고 재산을 마을 사람들에게 나눠준 후 값나가는 보석만 챙겨 몰래 제나라를 떠나 도(陶)나라로 갔다.

그리고 스스로 도주공(陶朱公)이라 칭하고 아들과 함께 농경과 목축에 힘썼으며 물가의 변동에 따라 시세 차이가 나는 물건을 취급하면서 일 할의 이익을 가지니 얼마 안 가서 수만금의 거부가 되었다.

그는 19년 동안에 세 차례 천금(千金)의 재산을 모았는데 두 차례에 걸쳐 가난한 친구들과 멀리 사는 친척들에게 이를 나누어주었다. 그 후 나이가 들고 힘이 떨어지자 자손들에게 경영을 맡겼다. 자손들은 그의 사업을 계승해서 계속하여 재산을 늘렸고 그들의 가산은 무려 억 금도 넘게 되었다. 이에 후세 사람들이 부자를 말할 때마다 모두 도주공(陶朱公)을 언급하게 되었다. 사마천 역시 그를 '그 재산으로써 은덕을 널리 베푸는 군자'라고 칭송한 바 있다.

물러설 때 물러서고 나아갈 때 나아가면 흥하지만 물러설 때 나아가고 나아가야 할 때 물러서면 그건 망할 뿐이다.

남송의 충신이었던 사방득(謝枋得)이 편찬한 『문장궤범』을 보면 '나아가고 물러섬에는 시세를 따르지 않는다(券舒不隨乎時)'는 말이 있다. 이는 한문공이 우낭양에게 주는 글로 자기 주장에 따라 행동하는 대장부의 태도를 말한 것이다. 여기서 '권서(券舒)'란 '돌돌 말았다 편다'는 뜻으로 나아가고 물러나는 것을 이르는 말이다.

맹자 역시 "군자는 나아갈 때와 물러설 때를 알아야 한다"고 했다. 그만큼 살아가는 데 있어 나아감과 물러섬을 아는 것이 얼마나 중요한지 역사는 우리에게 말하고 있다.

*범여(范蠡) _ 중국 춘추시대 말기의 정치가. 월나라 왕 구천을 섬겼으며 오나라를 멸망시킨 공신이다. 이후 오나라를 떠나 제나라로 가 재상에 올랐다.

"현실과 원칙을 잘 조화시켜라"

- 연왕의 명참모 소진

> 尾生之信(미생지신) – '미생의 믿음'이란 뜻으로,
> 융통성 없이 약속만 굳게 지키는 것을 말함.
> – 『史記』 소진전

전국시대 유명한 전략가 소진은 비록 6국을 합종시키고 6국의 재상을 겸하는 높은 자리에 올랐지만 시기하는 사람들이 많아 그를 비방하는 소리가 여기저기에서 끊이지 않았다.

"그는 여기저기에 나라를 팔고 두 마음을 품고 있는 자이다. 머지 않아 반란을 일으킬 게 틀림없다!"

그 결과, 제나라에 전쟁이 일어나 연나라로 돌아왔지만 연나라 왕은 그를 냉대하기만 할 뿐 복직시키지 않았다. 이에 소진은 연나라 왕을 만나 이렇게 말하였다.

"저는 낙양에서 태어난 비천한 평민에 불과합니다. 일찍이 조그마한 공도 없었지만 대왕께서는 저를 중용하시어 제나라에 사신으로 보내주셨습니다. 다행히도 제나라로부터 열 개의 성을 되돌려 받게 되어 더욱 두터운 신임을 받을 줄 알았는데 대왕께서는 저를 복직조차 시켜주시지 않았습니다. 이는 누군가 저를 믿을 수 없다고 중상모략했기 때문이라고 생각합니다. 하지만 제가 신의를 지키지 못하는 것은 오히려 대왕의 복입니다. 충신(忠信)은 다만 자신을 위한 것일 뿐이며, 진취적인 행위야말로 비로소 타인을 위한 것이라고 들었습니다. 제가 제나라 왕에게 유세한 것은 그를 속인 것이 아닙니까? 저는 연로한 모친을 동주에 남긴 채 떠났는데 이는 원래 자기만을 고려하는 생각을 포기하고 남이 진취를 실행하는 것을 돕고자 함이었습니다.

지금 여기에 증삼(曾參)과 같이 효도 잘하는 사람과 백이와 같이 청렴결백한 사람, 그리고 미생(尾生)과 같이 성실한 사람이 있어 그 세 사람이 대왕을 섬긴다면 어떻게 하시겠습니까?"

이에 연왕은 "그야 대단히 좋을 것이오"라고 대답하였다.

그러자 소진이 다시 말하였다.

"그렇지 않습니다. 증삼과 같이 효도가 지극한 아들은 단 하루도 부모 곁을 떠나 밖에서 자지 않습니다. 그렇다면 어떻게 그를 천 리나 떨어진 먼 이곳까지 데리고 와서 당장 내일 어떻게 일이 벌어질지 모를 연나라의 국정을 돌보게 할 수 있겠습니까?

또 백이는 의리를 지켜 무왕의 신하가 되기를 거부하고 수양산에 들어가 굶어 죽었습니다. 이와 같이 너무 대쪽같이 깨끗한 사람에게 어떻게 제나라에 가서 진취적인 큰 사업을 맡길 수 있겠습니까?

그리고 미생은 애인과 다리 아래서 만나기로 약속하여 약속 날짜에 다리에 나가 기다렸습니다. 때마침 엄청난 홍수가 나는 바람에 물이 계속 불어났지만 그는 꿈쩍도 하지 않고 계속 기다리다가 마침내 다리를 부둥켜 안은 채 죽고 말았습니다(이를 미생지신, 尾生之信이라 한다).

그렇다면 대왕께서는 이렇게 성실하기만 한 사람을 천 리 밖에 내보내 제나라의 사나운 병사들을 물리치게 하실 수 있겠습니까? 저야말로 충의와 신의를 지켰기 때문에 오히려 군왕에게 죄를 짓게 된 것입니다."

이에 연나라 왕이 반문하였다.

"아니, 충의와 신의를 지켰다면 어찌 죄를 받을 수 있겠소? 그대가 지키지 못했기 때문에 죄를 받는 것이 아니오?"

그러자 소진은 이렇게 반박하였다.

"아닙니다. 어떤 사람이 먼 곳에 발령을 받게 되어 집을 떠나 있을 때 그의 처가 몰래 다른 남자와 정을 통했습니다. 이윽고 그가 돌아오게 되자 정부(情夫)는 매우 불안해하였습니다. 그러자 그 여자는 '아무 걱정 말아요. 이미 술에 독을 타놓았어요'라고 말했답니다.

마침내 남편이 돌아왔을 때 그 여자는 하녀에게 술산을 남편에게 권하도록 했습니다. 그러나 이 사실을 알고 있던 하녀는 매우 괴로웠지요. 주인에게 사실을 말하자니 당장 부인이 쫓겨날 것이고 그렇다고 알리지 않으면 주인이 죽기 때문이었습니다.

하녀는 생각 끝에 일부러 넘어져 술잔에 든 약주를 바닥에 쏟아버렸습니다. 그러자 주인이 크게 화를 내며 채찍을 들어 50차례나 때렸습니다. 하녀는 한 번 넘어져서 주인도 살리고 부인도 살렸지만 매를 맞는 것은 피할 수 없었습니다. 그러니 충의와 신의를 다한다고 해서 결코 죄를 안 받는다고는 할 수는 없습니다. 불행히도 저의 경우가 바로 이와 같은 것입니다."

얘기를 들은 연나라 왕은 급기야 고개를 끄덕였다.

"잘 알겠소. 다시 한 번 나를 위해 일해주시오."

그 후 연왕은 소진을 전보다도 더 극진하게 대접하게 되었다.

신의가 없으면 개인도 국가도 존립하기 어렵다. 특히, 거짓말과 말 바꾸기를 밥 먹듯 하는 사회풍토에서는 신의가 더욱 강조되어야 한다. 그러나 현실은 원칙대로만 영위되지 않는다. 이론과 실제는 항상 일치하는 것이 아니기 때문이다. 현실을 무시하고 원칙만을 고집하거나, 원칙은 이론일 뿐이라며 현실만을 내세울 수도 없다. 둘 다 고려하고 양면을 절충해야 한다. 이를 잘 조절하는 일이 현실 정치이다.

'무신불립(無信不立) - 신의가 없으면 일어설 수 없다.'

이는 개인이나 국가의 삶에 매우 중요한 원칙이다. 하지만 무신불립만 내세우다가 '미생지신'의 어리석음을 저지르지는 말아야 할 것

이다. 인의를 강조한 공자나 맹자 같은 성현이 제왕들에게 쓰임을
받지 못한 까닭을 생각해봐야 한다.

*소진(蘇秦) _ 전국시대의 책사. 합종설(合從說)을 주창하여 한(韓) · 위(魏) · 조(趙) · 연
(燕) · 초(楚) · 제(齊)의 6국을 합종(合從)하여 진(秦)나라에 대항케 하여 스스로 6국의
재상이 되었다. 연횡책을 썼던 장의와 함께 전국시대 책사의 제1인자로 알려져 있다.

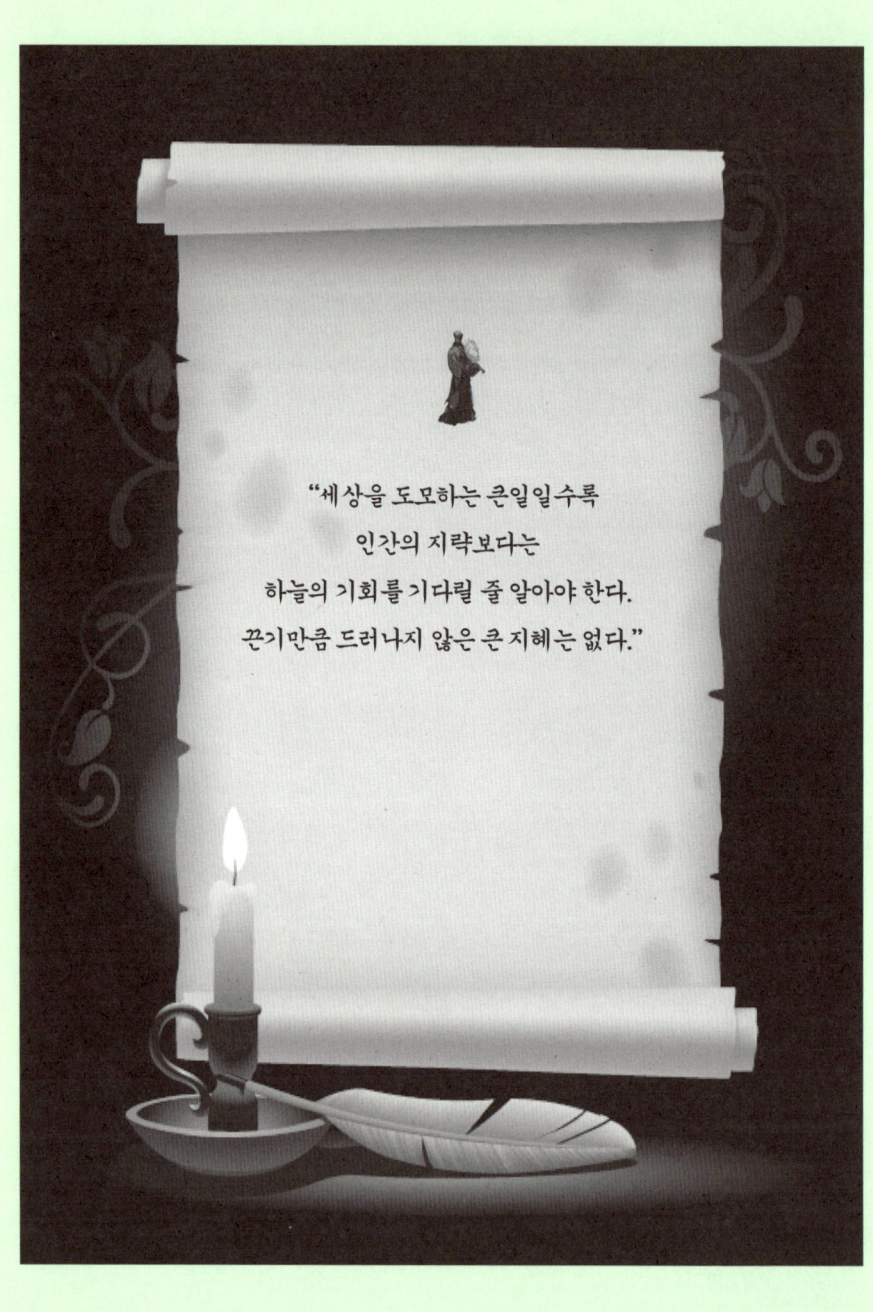

"세상을 도모하는 큰일일수록
인간의 지략보다는
하늘의 기회를 기다릴 줄 알아야 한다.
끈기만큼 드러나지 않은 큰 지혜는 없다."

"승리는 기다리는 자의 몫이다"

– 주 문왕의 명참모 강태공

窮八十 達八十(궁팔십 달팔십) – 강태공이 80년을 가난하게
살다가 80년을 영광스럽게 산 데서 나온 말. 인간세상의
극단적인 영욕을 말함. – 『**史記**』 제태공세가

주(周) 문왕(文王)이 사냥을 가기 전 점을 치자 다음과 같은 점괘
가 나왔다.

'오늘 잡을 사냥감은 용이나 호랑이나 곰 같은 동물이 아니라, 평
생 그대를 보좌할 신하다.'

얼마 후 문왕은 위수라는 강의 북쪽 기슭에서 낚시를 하고 있던
한 노인을 만났다. 그가 바로 여상(呂尙)이라 불리던 태공망이었다.

세월을 낚으며 때를 기다리던 노인 여상을 향해 문왕이 물었다.

"군주가 모든 것을 밝게 알려면 어떻게 해야 하오?"

이에 여상이 대답하였다.

"눈을 밝게 보는 것이 중요합니다. 또 귀는 밝게 듣는 것이 중요하며, 마음은 지혜로운 것이 중요합니다. 천하 만백성의 눈으로 사물을 보면 보이지 않는 것이 없고, 천하 만백성의 귀로 들으면 들리지 않는 것이 없으며, 천하 만백성의 지혜로 생각하면 알지 못할 것이 없는 법입니다. 천하 만백성의 눈과 귀와 지혜를 하나로 모아서 군주에게 전해진다면 결코 군주의 밝음이 가려지는 일은 없을 것입니다."

"그럼 나라를 지키려면 어떻게 해야 하오?"

문왕이 다시 물었다.

"빨래는 해가 머리 위에 뜬 한낮에 말려야 하고, 칼을 빼었으면 반드시 베어야 하며, 도끼를 들었으면 반드시 내려쳐야 합니다. 한낮에 빨래를 말리지 않으면 때를 잃는 것이며, 기껏 칼을 빼고도 아무것도 베지 않으면 좋은 기회를 잃는 것이며, 도끼를 들고도 내려치지 않으면 오히려 화근을 남겨 도적을 불러들이게 됩니다. 물론 조금씩 흐를 때 막지 않으면 마침내 큰 강을 이루어 막지 못하고, 불은 막 피어오를 때 끄지 않으면 결국 큰 불이 되어 끌 수 없으며, 나무도 떡잎일 때 잘라버리지 않으면 마침내 커다란 나무가 되어 도끼를 쓰지 않고서는 벨 수가 없습니다."

이윽고 문왕은 노인에게 자신의 참모가 되어달라고 요청하였다. 그러자 노인을 존중하고 정치력이 뛰어난 문왕에게 크게 감동한 여상은 이를 승낙한다. 마침내 출세의 길이 열린 것이다.

사실 문왕의 아버지, 태공(太公)은 생전에 성인이 나타나서 자식을 돕고 주나라에 번영을 가져다주기를 간절히 원하였다. 이에 문왕은 여상이야말로 아버지가 그렇게 바라던 성인이라고 생각하였다. 그런 나머지 그에게 태공이 기다리던 사람이라는 뜻으로 '태공망(太公望)'이라는 이름을 하사하였다.

그 후 태공망은 문왕을 도와 정치와 군사적인 면에서 탁월한 능력을 발휘했는데, 특히 군사적인 면에서 중국 참모의 시조라 불릴 만큼 눈부신 활약을 보였다.

사마천의 『사기』 '제태공세가'에 의하면 그의 성은 강씨지만 봉해진 성을 좇아 여상(呂尙)이라고 했다고 한다. 그는 너무도 궁핍하여 나이 일흔두 살까지 낚시를 하면서 때를 기다렸다. 이렇게 그가 인내하며 재야에 묻혀 공부만하고 벼슬길에 오르지 않은 것은 때를 기다리기 위함이었다. 이와 관련된 그의 일화가 있다.

어느 날, 그의 아내가 일을 나가면서 비가 올지도 모르니 마당에 말려놓은 곡식들이 떠내려가지 않도록 잘 봐달라고 당부하였다. 아내의 말대로 곧 비가 내렸다. 하지만 글공부에 몰두한 강태공은 비가 오는 줄도 모르고 열심히 글만 읽었다. 결국 곡식들이 모두 떠내려가자 화가 난 아내는 집을 뛰쳐나가 버렸다.

세월이 흐른 후 그의 행차에 초라한 노파 하나가 뛰어들었다. 집을 뛰쳐나갔던 자신의 아내였다. 아내는 "다시 아내로 삼아달라"며 눈물로 애원했다. 하지만 강태공은 물그릇을 가져오게 한 다음, 물그릇을 엎으며 다음과 같이 말하였다.

"한 번 엎질러진 물을 다시 그릇에 담을 수 없듯이, 한 번 끊어진 인연 역시 다시 맺을 수가 없는 법이오."

그리고는 끝내 옛 아내를 외면하고 말았다.

위대한 제왕이 있으면 그 옆에는 제왕을 보필한 뛰어난 참모가 있기 마련이다.

주의 문왕과 무왕에게는 강태공으로 알려진 태공망 여상, 춘추전국시대 제환공의 관중, 한고조 유방의 장자방, 유비의 제갈량, 당 태종의 위징 등 뛰어난 참모가 있었다.

적벽대전 당시 제갈량의 '知天命'이 없었던들 유비는 이미 대세를 장악한 조조를 이길 수 없었을 것이다. 하지만 하늘의 운세를 읽은 제갈량의 지혜 덕분에 악조건 속에서도 승리할 수 있었다.

'順風取下 用役不多, 순풍에 불을 붙이면 힘이 들지 않는다'라고 하였다. 하지만 이를 위해서는 하늘의 기회를 보는 안목과 함께 기회가 올 때까지 기다릴 줄 아는 인내가 있어야 한다. 당장 형세가 불리하다고 조급해하고, 유리하다고 경거망동하면 대사를 그르치게 된다.

승리는 기다리는 자의 몫이다.

세상을 도모하는 큰일일수록 인간의 지략보다는 하늘의 기회를 기다릴 줄 알아야 한다. 끈기만큼 드러나지 않은 큰 지혜는 없다.

*강태공(姜太公) _ 주(周)나라 초기의 정치가이자 공신. 본명은 강상(姜尙)이다. 그의 선조가 여(呂)나라에 봉하여졌으므로 여상(呂尙)이라 불렸고, 태공망이라고 불렸지만 강태공이라는 이름으로 알려져 있다. 주나라 문왕(文王)의 초빙을 받아 그의 스승이 되었고, 무왕(武王)을 도와 상(商)나라 주왕(紂王)을 멸망시켜 천하를 평정하였으며, 그 공으로 제(齊)나라 제후에 봉해져 그 시조가 되었다.

**문왕(文王) _ 주(周)나라의 기초를 닦은 명군. 덕치에 힘썼고, 상나라와 화평주의적 태도를 취했으며 제후들의 신뢰를 얻었다. 위수(渭水)에서 만난 현상(賢相) 여상(呂尙)의 도움을 받아 덕치(德治)에 힘썼다. 뒤에 상나라로부터 서방 제후의 패자(覇者)로서 서백의 칭호를 사용하도록 허락받았다.

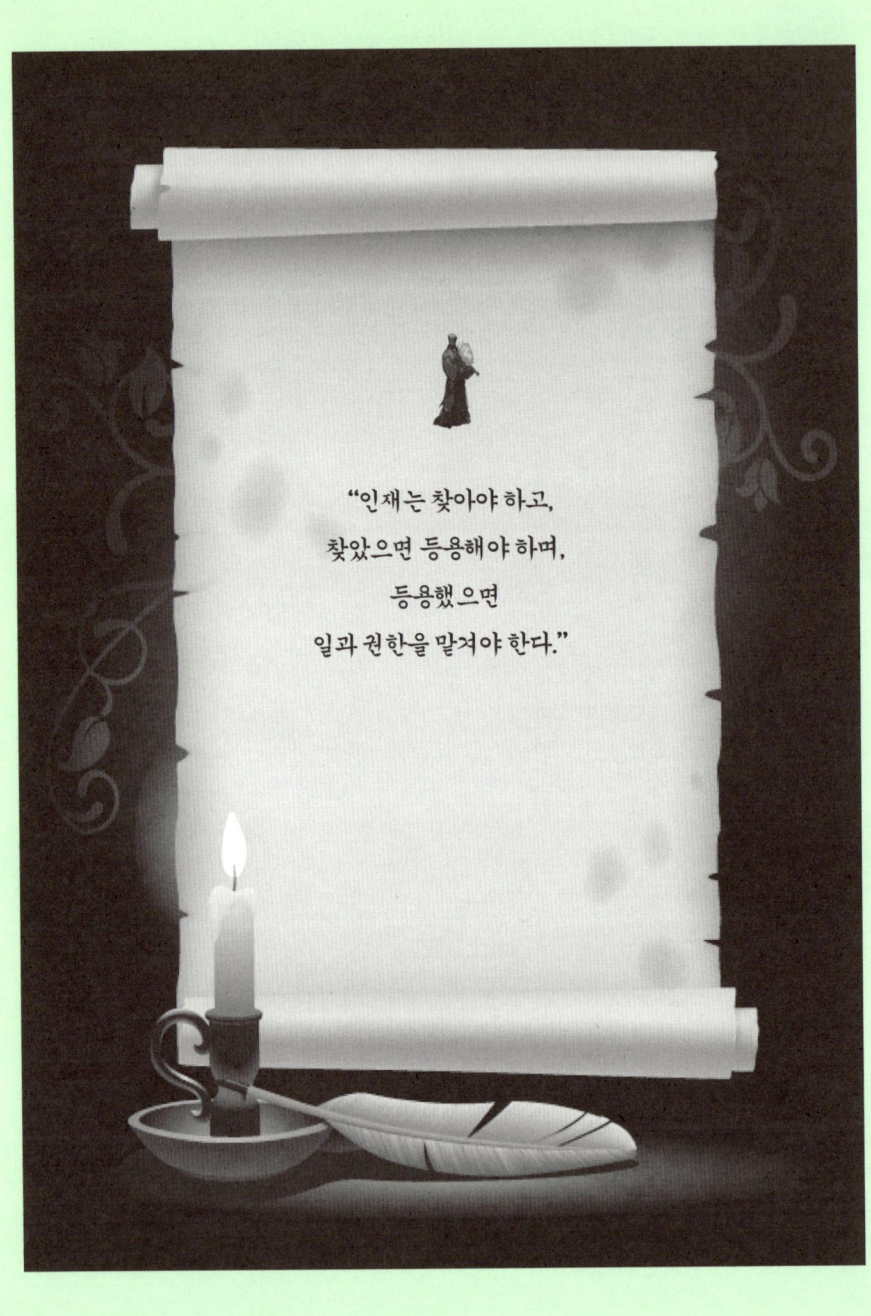

"인재는 찾아야 하고,
찾았으면 등용해야 하며,
등용했으면
일과 권한을 맡겨야 한다."

"스스로 찾아오게 만들어라"

– 제 환공의 명참모 관중

庭燎之光(정료지광) – '뜰에 횃불을 매달아 밝게 비춘다'는
뜻으로, 제환공의 열린 인재정책을 일컫는 말.
– 『詩經』 소아편

춘추전국시대 제환공은 관중과 포숙이라는 걸출한 인물들을 기용하여 제나라를 우뚝 세운 인물이다. 그는 부국강병의 꿈을 실현하기 위해 집무실 밖에 항상 횃불을 켜놓고 출신에 구애 받지 않고 인재를 구하겠다는 의지와 행동을 보여준 인재 리더십의 원조라 할 만한 인물이었다. 그의 이런 열성은 '정료지광(庭燎之光)'이란 고사성어를 만들기도 했다.

환공이 관중에게 나라를 다스릴 방략에 대해서 물었다.

"우선 노소(老少)간의 순서를 바르게 해 백성들의 기강을 바로잡은 뒤 상(賞)과 형벌로 다스리셔야 합니다. 더 나아가 살리고 죽이며 부유하고 가난하게 하며 고귀하게 하고 천하게 하는 6가지 권한을 신중히 사용하셔야 합니다."

이 말을 들은 환공은 크게 흡족해하며 곧 그를 재상으로 임명해 국정을 전담하게 하였다. 그러면서 필요한 것이 있으면 언제든지 요청하라고 했다.

이에 관중이 다음과 같이 말하였다.

"옛말에 지위가 낮은 사람은 존귀한 사람을 다스릴 수 없다고 했습니다."

환공은 이에 관중에게 최고위 관직인 상경(上卿)을 제수하였다. 그러나 관중은 여전히 국정에 임하지 않았다. 환공이 다시 부족한 것이 있냐고 묻자, 관중은 이렇게 말하였다.

"옛말에 가난한 사람은 부자를 다스릴 수 없다고 했습니다."

이에 환공은 제나라 시장에서 거둔 1년 치 세금을 모두 관중에게 주어 그를 제나라 최고의 부자로 만들어주었다.

그럼에도 관중은 여전히 국정에 나서지 않았다. 답답해진 환공이 다시 부족한 것을 묻자 관중은 "옛말에 소원한 관계에 있는 사람은 친척을 제압할 수 없다고 했으니 군주의 친척들은 제압할 수 없습니다"라고 하였다. 그러자 제환공은 관중에게 중부(仲父)라는 존호를 주고 국정에 임해줄 것을 당부했다. 친아버지처럼 가깝고 존경하는 인물이란 뜻이었다. 그제야 관중은 나라를 다스리는 일에 적극 나서기 시작하였다.

과연 제나라는 전과는 달리 면모를 일신해 잘 다스려졌다. 그러나 천하를 제패하고자 하는 야망이 컸던 환공은 관중이 여전히 천하제패에 관심을 보이지 않자 넌지시 물었다.

"중부께서 국정에 적극적으로 임하니 나라의 위신이 몰라보게 높아졌습니다. 이제 패천하(覇天下)의 대업을 성취하는 길로 나가는 것이 어떻겠습니까?"

이에 관중이 다음과 같이 말하였다.

"우선 패업을 달성하는데 있어 어진 이를 몰라보는 것이 문제입니다. 또 어진 이를 안다고 해도 그를 등용하지 않으면 아무 소용이 없습니다. 또한 등용한다 해도 임무를 제대로 주지 않으면 안 됩니다. 나아가 임무를 준다 해도 믿지 못하면 패업을 이룰 수 없습니다. 믿는다 해도 다시 소인배를 시켜 간섭하시면 패업을 이룰 수 없습니다."

관중의 말에 크게 깨달은 환공은 소인배들의 접근을 철저히 봉쇄하면서 관중에게 절대적인 신뢰를 보냈다. 그 결과, 제나라는 하루가 다르게 부강해졌다.

얼마 후 환공이 다시 천하의 일을 물었다. 그러나 관중은 "아직 안 됩니다. 공개적으로 병사를 모아 훈련시키고 공격 무기를 준비하면 다른 나라들이 대비할 것이니 군령(軍令)을 은밀히 내리시고 국정을 남에게 맡기시는 모습을 보여야만 이웃나라들이 낌새를 채지 못하게 공격할 수 있습니다"라고 대답하였다.

관중은 죄인들의 죄를 탕감하는 대신 속죄금을 군비(軍費)로 사용하게 하고 또 형벌을 감해주는 대신 방패와 창, 화살과 같은 무기를 바치게 했으며, 채광을 허용해 좋은 쇠를 만들게 하자고 건의했다. 또 재원이 부족하지 않을까 걱정하는 환공에게 구리를 녹여 동전을 만들고 바다에서 소금을 생산하게 해 무역을 장려한 후 적당한 세금을 거두게 하였다.

이제 천하를 제패할 모든 준비가 갖춰졌다고 생각한 환공이 바로 뜻을 펼치려하자 관중이 다시 만류했다.

"아직 안 됩니다. 이웃나라들이 우리와 친하지 않으니 반드시 이웃나라들과 화친해야 합니다."

그러면서 일찍이 이웃나라로부터 빼앗은 영토를 돌려주게 하고는 유사(游士, 일종의 정보원) 80명을 선발해 많은 폐백(幣帛)을 주어 사방에 두루 보내 천하의 현명한 선비들을 초청하는 한편 진기한 물품을 판매하는 사람들을 시켜 각국의 동향을 살피게 했다.

군주가 어리석을수록 진기한 물품을 찾는 경향이 있으며 이런 진귀한 물건을 판매하는 사람들이 고급정보에 빠르기 때문이었다. 그 결과, 기강이 무너져 음란하고 무도한 나라로 지탄받는 곳을 선정해 먼저 정벌하게 했다. 실리는 실리대로 챙기면서 명분을 잃지 않는 실로 주도면밀한 계책이 아닐 수 없다.

춘추시대 제(齊)나라에는 유명한 재상 안영(晏嬰)이라는 인물이 있었다. 그가 남긴 명언 중에 '삼불상(三不詳)'이라는 말이 있다. 이는 군주를 위해서 남긴 말이다.

제1의 불상사는 군주로서 어진 인물이 있다는 사실을 알지 못하고 지내는 일이라 했다. 이를 '유현부지(有賢不知)'라고 한다.

제2의 불상사는 어진 인물이 있다는 것을 알면서도 등용하지 않고 지내는 일이라 했다. 이를 '지이불용(知而不用)'이라고 한다.

제3의 불상사는 어진 인물을 등용하고서도 그로 하여금 역량을 발휘할 수 있도록 그를 신임하지 않는 일이라 했다. 이를 '용이불임(用而不任)'이라고 한다.

이 말을 종합해보면 '인재는 찾아야 하고, 찾았으면 등용해야 하며, 등용했으면 일과 권한을 맡겨야 한다'는 뜻이다. 어떤 경우에도 마음에 새겨 둬야할 경구(警句)가 아닐 수 없다.

"한 명의 인재가 만 명의 임직원을 먹여 살리는 시대"라는 빌 게이츠의 말처럼 '인재'의 중요성은 늘 강조되어 왔다. 모든 기업들이 인재를 원한다. 구성원의 지식과 창의력이 곧 경쟁력의 척도가 되기 때문이다. 경쟁력 있는 기업으로 발돋움하기 위해서 인재 확보는 선택이 아닌 생존의 문제로 다가오고 있다.

그런데 '도대체 인재가 어디 있는지 모르겠다'는 기업이 있는가 하면 인재가 저절로 모여드는 기업도 있다. 기업 경영에서 인재 양성 못지않게 중요한 것이 인재가 모이는 기업, 일하고 싶은 기업을 만드는 것이다. 지속 가능한 기업 경영을 위해 글로벌 기업은 어떻게 인재를 모이게 하고 지속적으로 양성하고 또 유지해 나갈까?

가장 좋은 방법은 인재가 스스로 찾아오게 하는 것이다. 자율성과 창의성을 마음껏 발휘할 수 있는 기업문화, 일하고 싶은 기업문화를 가진 기업에는 인재가 저절로 모인다.

마쓰시타 고노스케가 마쓰시타 전기를 설립하고 얼마 되지 않았을 때 구성원들에게 한 말은 시사하는 바가 크다.

"사람들이 '당신 회사는 무엇을 만드는 회사인가?'라고 물으면 '우리 회사는 사람을 만듭니다'라고 대답하라."

---

*관중(管仲)_ 춘추시대 제(齊)나라의 재상. 소년시절부터 평생토록 변함이 없었던 포숙아와의 깊은 우정은 '관포지교'라 하여 유명하다. 환공을 도와 군사력의 강화, 상업·수공업의 육성을 통하여 부국강병을 꾀하였다.

"부하를 사랑하고, 경쟁자에게도 존경을 받고, 지식이 풍부하여
모든 부하가 따른다면 천하 만민의 리더가 될 수 있다."

– 제갈량

Part3 난세의 처세법
어떻게 살 것인가?

리더는 정확한 판단을 할 줄 알아야 한다. 『손자병법』을 보면 유독 '돌아가라'는 말이 많이 나온다. 이는 리더는 절대로 감정과 분노에 얽매여서는 안 되며 철저하게 자기의 감정과 분노를 삭힐 줄 알아야 한다는 얘기로, 곧장 가는 길을 택하기보다 우회해서 가는 길이 훨씬 더 빠를 수 있다는 전술(迂直之計)을 말하는 것이다.

"세상의 모든 일에는
절정기가 있는가 하면
내리막길이 있다.
아이러니하게도 내리막길의 징후는
절정에 올랐을 때
비로소 보이기 시작한다."

스스로 참모가 되라

智者見末萌(지자견미맹) - '지자는 일이 발생하기 전에
미리 안다'는 뜻으로, 현명한 사람은 일이 일어나기 전부터
예측한다는 말. - 『戰國策』

송나라를 세운 태조 조광윤을 도와 어지럽던 세상을 통일시키고 천하를 호령하는 황제로 만든 사람이 있다. 바로 조보(趙普)라는 인물이다.

조보는 침착하고 호쾌했으며 과단성이 있어서 천하의 태평함과 어지러움이 모두 자기 책임이라는 자세로 태조를 보필하였다.

태조 조광윤은 신중했지만 결단력이 약한 것이 흠이었다. 이 약점을 보완해 준 사람이 바로 조보였다.

태조의 아버지는 장군으로서 전쟁에 출정했다가 과로로 쓰러져 죽었다. 이때 조정에서 파견되어 그 아버지를 간호했던 사람이 바로 조보였고, 그 인연으로 두 사람의 관계가 이뤄졌다.

태조는 처음 조보를 보고는 한 눈에 '이 사람은 기(奇)로다!'라고 알아보고는 그를 항상 옆에 있게 하였다.

태조는 즉위 후 자주 신하들의 집을 불시에 방문한곤 하였다. 이에 재상 조보 역시 황제가 언제 자신의 집을 방문할지 몰라 집에 돌아온 후에도 한동안 의관을 벗지 않았다.

눈이 몹시도 많이 내리던 어느 날 밤이었다. 조보는 마음속으로 '이렇게 눈이 많이 오니 오늘은 오시지 않겠지'라고 생각하며 막 의관을 벗으려고 하였다. 그러나 그 순간, 똑똑똑 문을 두드리는 소리가 들려왔다. 조보는 '이 밤중에 누굴까?'하며 급히 문을 열고 나갔다가 깜짝 놀라고 말았다. 태조가 혼자 눈 속에 서 있었기 때문이다. 조보는 즉시 황공해하면서 태조를 맞이하고는 방석을 여러 개 포개어 앉을 자리를 만들었다. 그리고 숯불을 피워 고기를 굽고 아내에게 술을 권하도록 하였다. 태조는 조보의 아내를 그 전부터 누님이라고 불렀다.

"이렇게 눈이 많이 오고 밤이 깊어 몹시 추운데 어떻게 납시셨습니까?"

조보가 조용히 물었다.

그러자 태조가 나직한 목소리로 다음과 같이 대답하였다.

"영 잠이 오지 않는구려. 내 침대 밖은 모두 남의 집 같아서 쓸쓸하기만 하오. 그래 오늘 밤엔 경의 얼굴이 보고 싶었소."

이에 조보가 반문하였다.

"폐하께서는 천하가 좁다고 하시는 것입니까? 그렇다면 지금이야말로 남정(南征)을 하거나 북벌을 하기엔 다시없는 좋은 시기입니다. 폐하께서 생각하시는 바를 말씀해주십시오."

이에 태조가 굳은 표정으로 다시 말하였다.

"그렇소. 이번에 태원(太原)을 빼앗고 싶소."

조보는 한동안 잠자코 있더니 "그건 저로서는 생각해 보지 않은 일입니다. 태원은 서쪽으로 서하와 접하며 북쪽으로는 거란과 맞대고 있습니다. 만약 군사를 일으켜 태원을 빼앗는다면 서하와 거란의 공격을 막아내야 할 것입니다. 태원은 공격만 하면 금방 손에 넣을 수 있겠지만 잠시 접어두셨다가 다른 나라를 평정한 뒤에 공격하시는 것이 좋을 듯합니다"라고 말하였다.

이에 태조가 빙긋 웃으며 말하였다.

"실은 나도 그렇게 생각하고 있었소. 잠시 경의 생각을 알아보았을 뿐이오."

그 후 태조는 군사를 내어 남쪽을 완전히 평정하였다.

한편 조보가 어떤 사람을 추천하였지만 받아들여지지 않은 일이 있었다. 그러자 조보는 이튿날 또다시 아뢰었다. 이에 태조는 크게 화를 내며 조보가 바친 서류를 갈기갈기 찢어버렸다. 하지만 조보 역시 만만치 않았다. 찢어진 서류 조각을 줍더니 그것들을 풀로 붙여서 다음 날 다시 바친 것이다. 그러자 태조 역시 더 이상 어쩌지 못하고 그의 제의를 받아들일 수 밖에 없었다.

또 언젠가는 어떤 신하가 공을 세워 그의 벼슬을 올려줘야 할 일이 있었지만 태조가 그 사람을 싫어하여 허락을 하지 않은 일이 있었다. 이때도 조보는 끈질기게 자신의 주장을 굽히지 않았다.

태조가 조보에게 물었다.

"내가 끝끝내 허락하지 않으면 어떻게 할 것이오?"

"상벌은 항상 천하에 공평해야 합니다. 어찌 폐하 한 분의 감정에 의해 함부로 좌우되어야 합니까?"

조보는 이렇게 반박하였다. 하지만 태조는 끝내 허락하지 않고 자리를 박차고 일어섰다. 그러자 조보 역시 말없이 일어나 태조의 뒤를 따랐다. 내전으로 들어간 태조가 문을 닫아걸었지만 문 밖에 선 채 끝내 물러가지 않았다. 결국 이번에도 태조가 먼저 두 손을 들고 말았다. 하지만 달이 차면 이지러지는 법. 조보는 항상 커다란 독을 갖춰 놓고 황제에게 올리는 글 가운데 자신의 마음에 들지 않는 것은 모조리 독 속에 처넣고 태워버려 아예 황제가 볼 수 없도록 하였다. 그가 남에게 비난받은 것은 대부분 이 일 때문이었다.

조보는 항상 자신감이 넘쳤다. 그는 천자의 조서를 받고는 아무에게도 알리지 않았으며, 재상의 자리에서 물러난 후에도 후임자에게 제대로 일을 인계해주지 않았다. 또 재상의 도장을 찍는 중요한 일도 하지 않았으며, 회의에 참석하여 정치를 논하지도 않았다.

한 번은 조보의 부하들이 그의 명령에 따라 형벌을 마음대로 조정하자 판관으로 있던 뇌덕양이라는 사람이 태조를 찾아가 다음과 같이 아뢰었다.

"조보 재상은 권력을 이용하여 남의 집을 강제로 사들이고, 또 뇌물을 받아 재산을 모으고 있습니다."

그러자 태조가 버럭 화를 내며 말하였다.

"솥이나 냄비에도 귀가 있는데, 너는 조보 재상이 이 나라의 기둥이라는 말을 들어보지도 못하였느냐?"

그리고는 즉시 그를 좌천시켜버렸다.

몇 년 후 이번에는 뇌덕양의 아들이 조보의 부정을 들춰내 상소하였다. 그러자 태조 역시 점점 그를 경계하게 되었다. 그 결과, 조보는 결국 재상 자리에서 파면되고 말았다. 그러나 태조가 세상을 뜨고 태종이 그 뒤를 잇자 다시 재상의 자리에 복귀하였다.

원래 조보는 집이 가난하여 공부를 많이 하지 못했다. 그러나 언젠가 태조로부터 책을 읽으라는 권고를 받은 후부터는 결코 손에서 책을 놓은 적이 없었다. 그는 조정에서 중요한 일이 있을 때면, 반드시 그 전에 방 안에 들어 앉아 책을 읽었다.

언젠가 조보가 태종에게 다음과 같이 아뢰었다.

"저는 논어 한 질을 가지고 있는데, 그 절반은 선제를 도와 천하를 평정하는 데 썼고, 나머지 절반은 폐하를 도와 천하를 편안하게 해드리는 데 썼습니다."

그가 세상을 떠났을 때 집안 사람들이 그의 책궤를 열어보니 과연 그 속에 『논어』가 있었다.

소년시절에 배우면 장년에 도움이 되고,
장년에 배우면 늙어서 쇠하지 않으며,
노년에 배우면 죽어도 썩지 않는다.

많은 사람들이 '리더'를 말하지만, 실제로 리더가 되는 사람은 극소수에 불과하다. 확실한 건 우리가 리더가 될 확률보다는 참모가 될 확률이 더 높다는 것이다. 따라서 우리는 스스로 우리 인생의 참모가 되어야 한다.

　참모란 지략이나 지모(智謀)를 통해 군주나 상사를 보좌하는 인물이다. 따라서 참모의 자격 조건으론 가장 먼저 '지략(智略)'를 꼽지 않을 수 없다. 지략이란 통찰력(通察力)과 선견지명(先見之明)을 말하며 '어떤 일에나 유리하게 대응할 수 있는 능력'이라고 할 수 있다.

　예부터 '지자(智者)는 어떤 일이든 그 일이 아직 일어나지 않았을 때부터 미리 예측한다(『戰國策』)', '지(智)는 환란을 면하는 것을 최선으로 생각한다(『三國志』)'라고 했듯이, 뛰어난 참모는 깊은 통찰력과 선견지명, 적절한 대책을 세울 수 있는 능력 등을 갖추고 있어야 한다.

---

*조보(趙普)　중국 송(宋) 나라의 개국 공신이자 재상. 처음에는 학문이 어두웠으나 송나라 태조(太祖)의 권고를 받은 뒤부터는 그의 손에서 책이 떠나지 않았다고 한다. 바쁜 외중에도 늘 배움을 게을리 하지 않아 후세의 모범이 되었다.

리더의 마음을 꿰뚫어봐라

非知之難也 處知則難也(비지지난야 처지즉난야) - '아는 것보다
그것을 어떻게 처리하느냐가 더 어렵다'는 뜻으로, 유세와
처세의 어려움을 말함. - 『韓非子』 세난편

　능란한 화술과 임기응변, 절묘한 논리는 복을 낳을 수도 있지만 때로는 화를 부른다.

　한비자는 왕을 설득하는 유세(遊說, 자기 의견 또는 자기 조직의 주장을 선전하며 돌아다님)의 어려움을 누구보다 잘 알고 있었다. 그는 자신의 저서에서 과연 왕을 어떻게 설득할 것인가에 대하여 자세히 말하고 있다.

　유세가 어렵다고 하는 것은 내가 가진 지식으로 상대방을 설득하기 어렵기 때문이 아니다. 또한 나의 말로써 상대방에게 나의 의견을 정확하게 펼치기 어려운 것 때문도 아니다. 유세가 어렵다는 것은 바로 내가 설득해야 할 왕의 마음을 꿰뚫어 보고 내 말을 그의 마음에 잘 맞춰야 하기 때문이다.

가령 내가 설득하려는 왕이 자신의 이름을 높이려 하는데 내가 재물과 이익만을 이야기한다면 속물로 취급되어 반드시 멀리 쫓겨날 것이다. 반대로 왕이 많은 이익을 바라고 있는데, 내가 명예를 가지고 설득한다면 자신의 속마음을 몰라준다고 여기면서 거두어 쓰지 않을 것이다. 만약 왕이 속으로는 이익을 바라면서도 겉으로는 명예를 바라는 척 할 때 내가 명예를 가지고 설득한다면, 그는 겉으로는 내 말을 받아들이는 척 하면서도 결국 멀리 하게 된다. 또 그에게 이익을 가지고 설득한다면 속으로는 그 말을 받아들이지만 겉으로는 멀리 한다.

일이란 대부분 비밀을 지키는 데서 성공하고 말이 새어나가는 데서 실패하는 법이다. 설득을 하다보면 왕이 숨기는 일에 대해서도 말이 미치게 된다. 그렇게 되면 유세객의 목숨이 위태로워진다. 또한 귀인(貴人)에게 잘못한 일이 있는데 유세객이 분명한 논리로 그것을 따진다면, 역시 목숨이 위태롭다.

유세객이 아직 왕의 은혜를 많이 입지도 않았는데 그의 말에 대하여 많이 알고 있다면, 그의 설득대로 행해져 공을 세우더라도 별로 덕이 되지 않는다. 반면 그의 설득대로 행해지지 않아 실패하게 되면 의심을 받게 되고 목숨까지 위태로워진다.

귀인이 남에게 계교를 얻어 자기의 공을 세우고자 할 때 유세객이 그 계획을 미리 알고 있다면 그의 목숨이 위태롭다. 귀인이 겉으로 어떤 일을 하려는 것처럼 보이면서도 속으로는 다른 일을 하려 할 경우, 유세객이 그 내막을 알게 되면 목숨이 위태롭다. 귀인에게 도저히 할 수 없는 일을 강요하거나 그가 어쩔 수 없이 해야만 하는 일을 중지하라고 권하는 유세객의 목숨 역시 위태롭다.

왕과 함께 대인(大人)에 대해 이야기하면 자기를 비난한다고 의심하고, 천인(賤人)에 대해 이야기하면 왕의 권위를 팔려 한다고 의심한다. 그리고 왕이 총애하는 자에 대하여 이야기하면 자기를 이용한다고 의심하며, 왕이 미워하는 자에 대해 이야기하면 자기를 시험한다고 의심한다.

말을 꾸미지 않고 간결하게 이야기 하면 무식한 자라고 업신여기고, 이 말 저 말 끌어다가 해박하게 이야기하면 말이 많다고 지루하게 여긴다. 형편에 따라 생각을 말하면 겁쟁이라서 말을 다 못한다고 하고, 사리를 따져 말하면 '아는 것도 없으면서 건방지다'고 한다. 이런 것들은 유세의 어려움이니 꼭 알아두지 않으면 안 된다.

유세의 요령이란 상대방 왕이 자랑스러워하는 것을 추켜세워주고 그가 부끄러워하는 것을 없애주는 데 있다. 상대방 왕이 자신의 책략에 대해 자랑스럽게 생각한다면 설령 잘못된 점이 있더라도 추궁하지 말아야 한다. 또 자신의 결단에 대하여 자부심을 가지고 있다면 유세객은 굳이 자신의 의견을 고집해서 화를 돋우지 말아야 한다. 또 그가 자신의 능력을 자신하고 있다면, 실행상의 어려움을 들어 용기를 꺾어서는 안 된다.

왕이 하려는 일과는 다른 일이지만 같은 계획을 세운 사람과 또 왕이 하려는 일과 같은 일을 한 사람을 칭찬하려면 아름답게 꾸며서 칭찬하기만 하고 비난하지 말아야 한다. 만약 왕과 같은 실패를 저지른 사람이 있으면, 그에게 실수가 없는 것처럼 덮어주어야 한다. 충성스러운 사람은 왕의 뜻에 거슬림이 없어야 하고, 충언을 할 때에도 배격하는 뜻이 없어야 한다. 그런 연후에 비로소 자신의 말솜씨와 지혜를 펼 수 있다. 이렇게 해야 왕에게 가까워지고 의심받지 않게 되어 자기의 뜻을 관철시킬 수 있다.

오랜 세월을 함께 지내 왕의 은총이 깊어지면, 그때부터는 깊이 계획해도 의심받지 않는다. 이때는 왕과 논쟁하며 간언해도 벌을 받지 않는다. 이렇게 되면 이익과 손해를 분명히 헤아려 공을 이루고 옳고 그름을 바로 지적하여 유세객 자신을 영화스럽게 만들게 되는 것이다. 이런 상태까지 이르면 유세는 성공한 것이다.

• •

송나라에 한 부자가 있었다. 어느 날 비가 와서 울타리가 무너지자 아들이 다음과 같이 말하였다.

"담을 고쳐 쌓지 않으면 도둑이 들지 모릅니다."

옆에 있던 이웃집 사람 역시 똑같은 말을 하였다.

과연 그날 밤에 도둑이 들어 많은 재물을 잃고 말았다.

그러자 그 부자는 자기 아들에 대해서는 정말 똑똑하다고 대견하게 생각하면서도 이웃집 사람에 대해서는 '혹시 저 사람이 훔쳐 가지 않았을까?' 라며 의심하기 시작했다.

옛날 정나라 무공이 이웃 나라인 호나라에 딸을 시집보내 고 호시탐탐 공격의 기회만을 노리고 있었다.

어느 날 무공은 여러 신하를 모은 자리에서 이렇게 말하였다.

"출병하고 싶은데 어느 나라를 공격하는 것이 좋겠소?"

이에 관기사라는 사람이 "호나라를 치는 것이 좋을 줄로 생각되옵니다"라고 대답하였다.

그러자 왕은 "호나라는 형제의 나라인데, 어떻게 호나라를 치자고 하느냐?"며 즉시 그를 처형하고 말았다.

이 소식을 들은 호나라는 정나라가 진정 형제의 나라라고 생각하여 정나라 국경의 방비를 풀었다. 이 틈을 노린 정나라는 호나라 공격에 나서 크게 승리를 거두고 엄청난 영토를 빼앗았다.

위 두 가지 이야기에서 두 사람이 말한 지혜는 모두 정확하였다. 하지만 심한 경우에는 죽음을 당했으며, 가벼운 경우에도 의심을 받아야 했다. 따라서 지혜를 짜내는 것이 어려운 것이 아니고 지혜를 쓰는 방법이 어려운 것이다.

조직을 이끌거나 나라를 경영할 때 리더의 주변은 늘 많은 인재들로 넘쳐난다. 저마다 자신이 세상에서 가장 잘났다고 생각하는 인재들을 통제하기란 여간 어려운 일이 아니다.

어떤 면에서 리더는 통치 자체보다는 이런 인재들을 적절히 통제하면서 각자의 장점에 맞게 일을 맡기는 '치인'(馳人)의 지혜를 갖추어야 한다. 이때 꼭 필요한 존재가 이른바 리더의 마음을 가장 정확하게 헤아릴 줄 아는 핵심 참모이다.

예나 지금이나 상사, 특히 최고 권력자를 설득한다는 것은 실로 어려운 일이다. 그러나 이렇듯 훌륭한 유세법을 논했던 한비자 역시 결국 진시황을 설득하려던 유세에서 성공하지 못하고 오히려 죽임을 당하고 말았다. 유세의 방법에 그처럼 논리정연했던 그 역시 정작 유세의 어려움에서 벗어날 수 없었던 것이다.

명나라 때 여곤(呂坤)이 쓴『신음어』를 보면 남에게 충고를 하거나 뭔가를 권할 때는 다음 사항을 염두에 둬야 한다고 강조하고 있다.

첫째, 상대방이 싫어하는 것을 정면으로 지적하면 안 된다.

둘째, 상대의 결점만을 열거해서는 안 된다.

셋째, 다른 사람과 비교해서는 안 된다.

넷째, 지나치게 엄격해서는 안 된다.

다섯째, 오랫동안 장황하게 말해서는 안 된다.

여섯째, 똑같은 말을 되풀이해서는 안 된다.

---

*한비자(韓非子)_ 중국 춘추시대 말의 정치가이자 법률가. 이사(李斯)와 함께 순자에게 법률을 배웠다. 순자의 성악설, 노장(老莊)의 무위자연설을 받아들여 법가의 학설을 대성시켰다. 이사와 요가(姚賈)의 참소로 인해 독살당하였다. 『한비자(韓非子)』라는 유명한 저서를 남겼다.

충신(忠臣)보다 양신(良臣)이 되라

無爲之治(무위지치) - '아무것도 안 하는 듯 다스려야 한다'는 뜻
으로, 가만히 놔둬도 저절로 다스려지는 이상 정치를 말함.
－『論語』위령공편

사람을 신중히 잘 골라 써서 성공한 대표적인 리더로 당 태종을 꼽는다. '현무문 정변'으로 태자 이건성을 물리치고 황제에 오른 그는 이건성의 참모로 있던 위징을 끌어와 무릎을 꿇게 한 뒤 물었다.

"너는 어째서 우리 형제 사이를 이간질했느냐?"

당시 진왕으로 있던 이세민의 명망이 날로 높아져 태자 자리를 위태롭게 할 지경에 이르자 위징이 이건성에게 "일씨삼치 손을 써 수환을 제거하라"고 조언한 일을 따진 것이었다.

이에 위징이 거리낌 없이 대답하였다.

"태자께서 내 말을 들었더라면 이 같은 화를 당하지는 않았을 것이오."

태종은 이때 죽음을 두려워하지 않고 할 말을 다 하는 위징이 참모로서 자신에게 꼭 필요한 사람이라는 것을 깨달았다. 그래서 그의 죄를 용서하고 간의대부로 삼았다. 그 뒤로도 위징은 태종에게 곧은 소리를 서슴지 않았다. 태종 역시 그의 쓴소리를 약으로 삼았다. 그것이 바로 '정관의 치(貞觀之治)'가 가능했던 이유다.

당 태종이 재상 위징의 생일 축하연에 참여해 소원을 물었다. 그러자 위징은 다음과 같이 대답하였다.

"폐하께서는 신을 어진 신하(양신, 良臣)가 되게 하시되 충성된 신하(충신, 忠臣)는 되게 하지 마시옵소서."

깜짝 놀란 태종이 되물었다.

"아니, 그게 무슨 말이오? 도대체 어진 신하와 충성된 신하가 어떻게 다르다는 것이오?"

그러자 위징이 말하였다.

"순임금을 섬긴 직과 계, 고요는 군신이 마음을 합해 천하를 다스리고 함께 영광을 누렸습니다. 이것이 바로 신이 말씀드리는 어진 신하입니다. 이에 반해 하나라 걸왕을 섬긴 관용봉과 은나라 주왕을 섬긴 비간은 임금 앞에서 임금의 잘못을 꺾고 공공연히 임금에게 충언을 하였지만 몸은 주살당하고 결국 나라도 멸망하고 말았습니다. 이것이 신이 말씀드리는 충성된 신하입니다."

이 말을 들은 태종은 고개를 끄덕였다. 그리고 사직의 근본을 잊지 않을 것이라며 위징에게 비단 5백 필을 상으로 주었다.

위징은 사악한 신하의 6가지 유형(六邪)을 제시하였다. 관직에 안주하고 봉록을 탐하는 구신(具臣), 아첨만 하는 유신(諛臣), 간사하고 어진 사람을 질투하는 간신(奸臣), 잘못을 감추고 사람들을 이간질하는 참신(讒臣), 대권을 쥐고 전횡하는 적신(賊臣), 군주의 눈을 가려 불의에 빠지게 하는 멸신(滅臣)이 바로 그것으로, 이들을 멀리해야만 국민이 편안해질 수 있다고 하였다. 당 태종은 이와 같은 위징의 간언 속에서 자신을 추스르고 정사에 임해 위대한 군주의 칭호를 얻을 수 있었다.

양신(良臣)은 스스로 명성을 누릴 뿐 아니라 군주에게도 위세와 명망을 가져다줘 자손만대 이어지게 한다. 하지만 충신(忠臣)은 결국 미움을 사 주살당하기 쉽고, 군주에게 어리석음을 가져다줘 오명을 남기게 하며, 나라를 망치게 할 수 있다.

양신이 되는 데는 한 가지 원칙이면 충분하다. 위로는 군주를 편안하게 하고 아래로는 백성을 행복하게 한다는 믿음이 바로 그것이다. 그러자면 훌륭한 군주를 만나는 것도 중요하지만 군주가 흐트러시시 않도록 끊임없이 이끌어야 한다.

충신은 주군을 위한다고 하지만 결국 주군과 자신 모두를 망친다. 지금 우리에게 필요한 것은 주군만을 위하는 충신이 아니라 자신과 주군, 나라를 모두 살게 하는 양신이다.

어떤 사회, 어떤 조직에서나 열린 사람, 곧은 사람이 필요하다. 하지만 현실은 그리 녹록치 않다. 열린 사람은 닫힌 사람에게, 곧은 사람은 굽은 사람에게 밀려나기 다반사이기 때문이다.

조직에 있어서 '양신'은 바로 그들이다. 닫힌 사람보다 열린 사람이, 굽은 사람보다 곧은 사람이 많아야 조직이 살고 발전할 수 있다. 리더라면 당연히 그들을 구분할 수 있는 능력이 있어야 한다.

인재를 고르는 데 있어 그만큼 신중에 신중을 기해야 한다. 하물며 중요한 정책 결정 때마다 상의해야 하는 참모를 고를 때는 더 말할 나위가 없다.

*당 태종(唐 太宗) _ 본명은 이세민. 당(唐)나라 제2대 황제(재위 626~649). 당나라를 수립하고 군웅을 평정하여 중국을 통일하였다. 양제의 실패를 거울삼아 명신 위징(魏徵) 등의 의견을 받아들여 사심을 누르고 백성을 불쌍히 여기는 지극히 공정한 정치를 하기에 힘썼다. 그의 치세는 '정관지치(貞觀之治)'라 칭송받았고, 후세 제왕의 모범이 되었다.

막히면 돌아가라

優孟哭馬(우맹곡마) – '우맹이 말의 죽음을 슬퍼한다'라는
뜻으로, 어떤 일을 풍자하는 것을 말함.
– 『史記』 골계열전

　초나라 장왕에게는 특별히 아끼는 말(馬)이 있었다. 그래서 궁궐
의 방에 살게 하면서 아름다운 비단옷을 입히고 침실에서 자게 했으
며 꿀에 잰 대추를 먹였다. 그런데 그만 말이 비만증에 걸려 죽을 위
험에 처했다. 이에 왕은 모든 신하에게 상복을 입히고 관은 대부(大
夫)의 예우를 갖춰 만들도록 하여 장례를 치르려고 하였다. 신하들
이 부당하다고 반대했지만 왕은 크게 노한 나머지 엄명을 내렸다.

　"누구든 말의 장례 문제로 왈가왈부하는 자는 처형시키겠다."

　얼마 후 언변이 뛰어났던 배우(俳優) 우맹이 궁전에 들어가 대성
통곡을 하였다. 이를 이상하게 여긴 왕이 그 까닭을 묻자 우맹이 다
음과 같이 말하였다.

"그 말은 대왕이 가장 아끼시는 애마였습니다. 두 번 다시 구할 수 없는 소중한 존재가 죽었는데 우리 초나라와 같은 강대국이 아무 일도 할 수 없다는 말입니까? 대부의 예우로써 말의 장례를 지낸다면 너무 초라하게 될 것이오니, 바라옵건대 군주의 예우를 갖춰 장례식을 거행하시옵소서."

이에 깜짝 놀란 왕이 반문하였다.

"어떻게 하면 군주의 예우를 갖출 수 있겠소?"

그러자 우맹이 다음과 같이 말하였다.

"관 속은 보석을 아로새겨 박고 무늬를 그린 오래된 나무로 바깥의 곽을 만들며, 단풍나무 등 좋은 나무와 꽃으로 그 위를 장식합니다. 그리고 군사를 동원하여 무덤을 파고 노인과 아이들을 동원하여 흙을 파오게 하며, 한나라와 위나라의 사신이 뒤쪽에서 호위하게 하고 좋은 제물로 제사를 올리며 제사를 받을 수 있도록 1만 호의 땅을 마련하시면 될 줄 압니다. 그렇게 되면 각국의 모든 사람들이 대왕께서 말을 귀하게 생각하시고 사람을 천하게 여기신다는 것을 알게 될 것입니다."

"나의 과오가 그토록 심했다는 말인가? 이제 어떻게 하면 좋겠소?"

왕이 한숨을 쉬며 묻자 우맹은 태연히 대답하였다.

"저로 하여금 대왕을 대신하여 그것을 여섯 종류의 짐승(육축·말·소·양·닭·개·돼지를 가리킴)과 마찬가지로 안장(安葬)하게 해주시옵소서. 아궁이를 바깥 곽으로 하고 구리 솥을 안쪽 관으로 삼아 잘게 썬 대추와 생강을 섞은 뒤에 목탄을 밑에 깔고 오곡을 놓아 제사 지내며 아름답게 타오르는 불빛을 배경삼아 사람의 뱃속에 장례를 지내는 것이 좋겠습니다.”

한마디로 '맛있게 먹어버리자'는 뜻이었다.

왕은 곧바로 말의 시체를 주방을 담당하는 태관(太官)에게 넘겨 처리하도록 하였다.

춘추시대 제(齊)나라 안영은 중국 역사상 최고의 명재상 중 한 명으로 손꼽힌다. 그의 행적을 모은 『안자춘추』를 보면 그와 관련된 다음과 같은 이야기가 나온다.

초(楚)나라 영왕(靈王)이 제나라에 사신을 초청하자 마침 안영이 가게 되었다. 영왕은 그를 보자마자 이렇게 말하였다.

“제나라에는 사람이 없소? 하필 경(卿)과 같은 사람을 사신으로 보낸 이유가 뭐요?”

안영의 키가 작은 것을 두고 하는 말이었다. 이에 안영은 서슴지 않고 태연히 대답하였다.

“그 까닭은 이러하옵니다. 저의 나라에선 사신을 보낼 때 상대방 나라에 맞게 사람을 골라서 보내는 관례가 있습니다. 즉, 작은 나라에는 작은 사람을 보내고 큰 나라에는 큰 사람을 보내는데, 신(臣)은 그 중에서도 가장 작은 편에 속하기 때문에 초나라로 오게 된 것이옵니다."

안영의 말에 기세가 꺾인 영왕은 은근히 화가 끓어올랐다. 그때 마침 포리(捕吏)가 제나라 출신 죄인을 끌고 가자 안영을 바라보며 다음과 같이 말하였다.

"제나라 사람은 도둑질을 잘하는군요?"

그러자 안영은 이렇게 말하였다.

"제가 듣기로는 귤이 회남에서 나면 귤이 되지만, 회북에서 나면 탱자가 된다고 들었습니다."

리더는 정확한 판단을 할 줄 알아야 한다. 『손자병법』을 보면 유독 '돌아가라'는 말이 많이 나온다. 이는 리더는 절대로 감정과 분노에 얽매여서는 안 되며 철저하게 자기의 감정과 분노를 삭힐 줄 알아야 한다는 얘기로, 곧장 가는 길을 택하기보다 우회해서 가는 길이 훨씬 더 빠를 수 있다는 전술(迂直之計)을 말하는 것이다.

그렇다. 때로는 돌아서 우회하는 것이 가장 빠른 길이 될 수도 있다. 막히면 돌아서 가라. 그것이 세상을 살아가는 진리요, 이치이다.

---

*장왕(莊王) _ 춘추시대 초나라의 왕(재위 BC 613~BC 591). 즉위 후 부패한 신하를 몰아내고 내정을 다져 부국강병을 이루었으며, 진(晉)나라와 필(邲) 땅의 싸움에서 대승을 거둠으로써 중원의 패권을 장악하였다. 춘추오패의 한 사람으로 꼽힌다.
*안자춘추(晏子春秋) _ 춘추시대 말기 제(齊)나라의 명재상 안영의 언행을 기록한 책.

물고기는 물을 떠나 살 수 없다

海大魚(해대어) - '바다의 큰 물고기'란 뜻으로, 자신이 몸담고
있는 조직을 떠나서는 살 수 없다는 말.
- 『戰國策』 제책편

전국시대 제나라 재상 전영은 제나라 왕에게 미움을 받게 되자 몹시 두려워한 나머지 자신의 영지인 설(薛) 땅에 성을 쌓고 세력을 키우고자 하였다. 이에 부하들에게 절대 자신을 가로막는 말을 하지 말라고 엄명하였다. 그러자 어떤 사람이 자신은 단 세 글자만 얘기할 것이며 한 글자라도 더 하면 차라리 죽을 것이라고 하였다.

이에 기이하게 생각한 전영은 그 사람을 불러오도록 하였다.

잠시 후 그 사람이 빠른 걸음으로 들어오더니 예를 올리며 "海大魚!"라며 세 글자만 얘기한 후 곧바로 머리를 되돌려 나가려고 하였다. 그러자 전영이 그를 향해 물었다.

"그대의 말에 혹 다른 뜻이 있는 건 아니오?"

이에 그 사람이 다시 말하였다.

"저는 목숨을 버리면서까지 감히 더 이상 말을 할 수 없습니다."

전영이 "괜찮소. 어서 말해보오"라고 거듭 청하자 그 사람이 비로소 자세를 고쳐 앉으며 말하였다.

"대감께서는 바다에 있는 큰 고기를 아시겠지요. 그물로도 잡을 수 없고 낚시로도 잡을 수 없습니다. 그러나 일단 바다 밖으로 나오게 되면 개미의 먹이가 되고 말지요. 지금 제나라와 대감의 관계는 바다와 고기의 관계입니다. 대감이 제나라에 계시는 것은 고기가 바다에 있는 것과 같습니다. 제나라의 모든 것이 대감을 보장해주고 있지요. 왜 그것을 버리고 설 땅으로 가서서 성을 쌓는 것인지요? 설사 성을 하늘 높이까지 쌓아본들 아무런 소용이 없을 것입니다."

그러자 전영은 "정말 그 말씀이 맞소!"라며 곧바로 성을 쌓는 것을 중지하도록 하였다.

우리는 조직 속에서 수많은 '해대어'를 본다. 그들은 직장에서는 고위급이라는 타이틀을 달고 대우를 받고 살아가지만 직장 밖에선 초라해지기 일쑤다. 그럼에도 많은 사람들이 그런 사실을 잊은 채 착각 속에 살아간다.

살면서 자신의 능력을 알아주는 사람을 만나기란 결코 쉽지 않다.

따라서 기회가 왔다 싶으면 짧은 시간 안에 깊은 인상을 심어주어야 한다. 이때 의표를 찌르는 한 마디로 그의 호기심을 불러일으킴으로써 그 기회를 활용하여 마음을 얻을 수 있다.

*전영(田嬰)_중국 전국시대 때 제나라 대신으로 정곽군(靖郭君)으로 불렸다. 제위왕(齊威王)의 막내아들이며 제선왕(齊宣王)의 동생이다. 전국 사군자(四君子) 중의 한 사람인 맹상군 전문(田文)이 그의 아들이다.

"세상의 모든 일에는
절정기가 있는가 하면
내리막길이 있다.
아이러니하게도 내리막길의 징후는
절정에 올랐을 때
비로소 보이기 시작한다."

평안할 때 위기를 대비하라

居安思危(거안사위) - '안락할 때 위태로움을 대비하라'는 뜻으로,
현실에 안주하지 말고 끊임없이 도약을 모색하라는 말.
- 『史記』 골계열전

당 태종이 위징에게 물었다.

"제왕 중에는 자손에게 제위를 넘겨 사직이 10대도 넘게 오래 유지되는 경우도 있지만 1대나 2대를 넘기지 못하고 망해버리는 경우도 있소. 심지어 자기 스스로 제위를 잃어버리는 경우도 적지 않소. 이것을 생각하면 짐은 언제나 마음이 놓이지 않소. 그래서 백성들을 정말로 자애롭게 다스리고 있는지, 혹은 감정에 치우쳐 내 마음대로 정치를 하고 있지는 않은지 하는 걱정에 항상 마음이 괴롭소."

그러자 위징은 다음과 같이 대답하였다.

"희로애락의 감정이란 현명한 자나 어리석은 자나 모두 가지고 있습니다. 다만 현명한 자는 그것을 억제할 줄 알고 과도하게 발산하지 않습니다. 하지만 어리석은 자는 그것을 억누르지 못하고 결국 자신을 파멸에 빠지게 합니다. 폐하께서는 높으신 성덕으로 나라가 태평할 때도 언제나 위태롭고 어려울 때를 생각하십시오. 그렇게 스스로 성찰하시고 경계하시어 유종의 미를 거두시도록 하시옵소서. 그렇게 하시면 자자손손 폐하의 높으신 성덕을 우러러 받들 것입니다.”

얼마 후 당 태종이 이번에는 다른 사람들을 향해 물었다.

“나라를 유지하는 것은 어려운 일인가, 쉬운 일인가?”

“매우 어려운 일입니다.”

“아니, 우수한 인재를 등용하고 그들의 의견을 잘 들으면 좋은 것이 아닌가? 반드시 어렵다고 생각되지는 않는데….”

그러자 옆에 있던 위징이 말하였다.

“지금까지의 제왕들을 되돌아보십시오. 나라가 위태로워질 때는 우수한 인재를 등용하고 그 의견에 귀를 기울였지만, 나라의 기반이 웬만큼 닦아졌다고 생각되면 반드시 마음속에 교만함이 생기게 마련입니다. 그렇게 되면 신하들도 자기 한 몸 지키는 데 열중할 뿐 군주에게 허물이 있어도 구태여 간하려 들지 않게 됩니다. 이렇게 되어 나라의 세력이 날이 갈수록 기울어가고, 마침내는 멸망에 이르게 되는 것입니다. 그러므로 예로부터 성현들이 ‘안락한 곳에 있을 때 위태로움을 생각하라’라고 했던 것입니다. 나라가 안락하고 태평스러울 때야말로 마음을 굳게 다잡아 정치에 임하지 않으면 안 됩니다. 그래서 신은 나라를 유지하는 일이 어렵다고 말씀드린 것입니다.”

이 말을 들은 태종은 몇 번이나 고개를 끄덕였다.

춘추시대 송나라·제나라·진(晉)나라·위나라 등 12개 나라가 연합하여 정나라를 공격한 적이 있다. 크게 당황한 정나라는 12개 나라 중에서 제일 큰 나라인 진나라에 화해를 요청하였다. 이에 진나라가 동의를 표시하자 나머지 11개 나라도 공격을 중지하였다.

정나라는 진나라에 감사의 마음을 전하기 위하여 많은 예물과 저명한 악사 3명, 갑사까지 딸린 전차(戰車)와 기타 선거 100승, 가녀 16명, 그리고 종경 등의 악기를 보내주었다.

진왕은 예물을 보자 매우 기뻐하며 가녀의 절반을 공신 위강에게 주었다.

"그대가 최근 몇 년 동안 나를 위하여 계책을 내고 많은 일들을 순조롭게 처리하여 마치 음악과 같이 잘 어울리고 절주가 맞았으니 참으로 마음 든든한 일이오. 지금 우리 둘이 함께 한바탕 즐겨 보기로 합시다."

그러나 위강은 진왕이 주는 것을 받지 않았을 뿐만 아니라 오히려 그 기회를 빌어 충간을 올렸다.

"일들이 순리롭게 처리된 것은 우선 대왕의 공로이고, 다음은 동료들이 일심으로 협력했기 때문인데, 소신 같은 개인이 무슨 공로가 있겠습니까? 바라옵건대 대왕께서는 안락을 누릴 때 국가의 많은 일들을 아직도 계속 처리해야 한다는 것을 항상 잊지 말아 주십시오.

『서경』에 이르기를 '편안할 때 위험함을 생각해야 하나니, 생각하면 준비가 있게 되고 준비가 있으면 후환이 없느니'라고 하였습니다."

　세상의 모든 일에는 절정기가 있는가 하면 내리막길이 있다. 아이
러니하게도 내리막길의 징후는 절정에 올랐을 때 비로소 보이기 시
작한다. 또 새로운 성장에 대한 싹은 역경 속 그것도 밑바닥의 상태
에 있을 때 움트는 법이다. 따라서 현명한 사람은 일이 순조롭게 진
행되어갈 때 정신을 집중시켜 장차 발생할 수도 있는 이변에 대비하
고, 고난에 처했을 때는 희망과 비전을 가지고 그것을 견디면서 새로
운 도전을 시도하는 법이다.

　지금 절정기에 있다고 해서 교만하지 말 것이며, 일이 풀리지 않
는다고 해서 희망을 꺾지 마라. 세상 모든 일은 물극필반(物極必反 -
'사물의 전개가 극에 달하면 반드시 반전한다'는 뜻으로, 흥망성쇠는
반복하는 것이므로 어떤 일을 할 때 지나치게 욕심을 부려서는 안 된
다는 의미)의 원리가 작용하는 법이다.

*위강(韋康)　조조의 참모, 순욱(荀彧)의 추천을 받아 위나라 조조를 섬기게 되었다. 부
친 위단이 태복으로 소환되자 대신 양주(涼州)자사에 임명되었다. 양주를 공격해온 마초
의 군대에 끝까지 저항하지 못하고 하후연 원군이 합세하기 전 전사하고 말았다.

끊임없이 나를 돌아보라

修身齊家治國平天下(수신제가치국평천하) – '나를 바르게 해야 가정과 나라를 다스릴 수 있고, 세상을 평정할 수 있다'는 뜻으로, '수신'의 중요성을 강조한 말. – 『大學』

당 태종이 크게 한탄하였다.

"짐은 항상 천하를 올바르게 다스리기 위해 불철주야 노력해왔소. 그러나 아무리 노력해도 결코 성인을 따를 수 없소. 이러다가 후세에 웃음거리만 되는 것은 아닐까 싶소."

이에 위징이 다음과 같이 말하였다

"옛날 노나라 애공은 공자에게 '세상에는 건망증이 심한 사람도 많은 모양이오. 이사 갈 때 마누라를 잊어버리고 간 사람도 있다더군요'라고 말하였습니다. 그러자 공자는 '그보다 더 심한 사람도 있습니다. 포악하기 그지 없던 걸주는 마누라는 물론 자신의 몸까지도 까맣게 잊고 있었습니다'라고 대답했다고 합니다.

폐하께서 그것만 명심하신다면 결코 후세에 웃음거리가 되지 않을 것입니다."

당 태종이 다시 신하들에게 말하였다.

"군주는 무엇보다도 먼저 백성의 생활이 안정되도록 힘쓰지 않으면 안 되오. 백성을 착취하여 사치한 생활에 빠지는 것은 마치 자신의 다리살을 도려내 먹는 것과 같소. 따라서 천하의 안정을 생각한다면 먼저 자신의 자세를 바르게 해야 하오. 내 일찍이 몸은 똑바로 서 있는데 그림자가 굽었다든가, 군주가 훌륭한 정치를 하는데 백성이 제멋대로 행동한다는 이야기는 듣지 못하였소. 나는 자신의 파멸을 초래하는 것은 바로 자신의 욕망이라고 생각하오. 언제나 산해진미만 먹고 풍악과 여자에만 빠져 있다면 욕망은 끝이 없어지고 비용도 끝이 없어질 것이오. 그렇게 되면 막상 가장 중요한 정치에는 마음이 없어져 백성들이 고난에 빠질 것이오. 게다가 군주가 도리에 맞지 않은 말을 한마디라도 한다면 민심은 뿔뿔이 흩어져 반란을 꾀하는 자도 나올 것이오. 그러므로 나는 언제나 이러한 점을 염려하여 애써 나의 욕망을 억누르려 하고 있는 것이오."

위징이 다시 말을 이어받았다.

"예로부터 성인으로 추앙받아온 군주는 모두 그것을 실천하였습니다. 그렇기 때문에 그들은 모두 이상적인 정치를 할 수 있었습니다. 초나라의 장왕이 첨하라는 현인을 불러 정치의 요체에 대해서 물은 적이 있습니다. 그러자 첨하는 '먼저 군주가 자신의 자세를 바로 하는 것입니다'라고 대답하였다고 합니다. 장왕이 다시 그 구체적인 방책에 대해 물었지만 그 때도 그는 '군주가 자세를 바로 하고 있는데 나라가 어지러워진 경우는 이제껏 없었습니다'라고 대답할 뿐이었습니다. 지금 폐하께서 말씀하시는 것은 첨하가 말한 것과 똑같습니다."

••

당 태종 말년, 태종이 위징을 향해 물었다.

"신하 중에 자기 의견을 말하는 자가 보이지 않는데, 과연 어찌된 일이오?"

그러자 위징이 다음과 같이 말하였다.

"폐하께서는 이제까지 허심탄회하게 신하들의 의견에 귀를 기울여 오셨습니다. 거슬리는 의견을 말하는 자가 있더라도 마땅히 그렇게 해야 할 것입니다. 하지만 똑같이 침묵을 지키고 있다고 하더라도 사람에 따라 그 이유가 다릅니다. 의지가 약한 자는 마음으로 생각을 하고 있으면서도 말을 하지 못합니다. 또 평소에 곁에서 모신 적이 없는 사람은 신임을 받고 있지 못하다고 생각하여 함부로 말하지 않으며, 지위에 연연하는 자는 말을 잘못했다가 모처럼 얻은 자리를 잃을까 두려워하여 적극적으로 말하지 못합니다. 지금 모두 의견을 말하지 않는 것은 이와 같은 이유 때문입니다."

이에 당 태종이 고개를 끄덕이며 말하였다.

"그대의 말이 맞소. 나는 언제나 그 점을 유의하고 있소. 신하가 군주에게 간할 때는 실로 죽음을 각오하고 나서야 할 것이오. 그것은 형장으로 가거나 적의 대군 한 가운데로 돌진해가는 것과 다름없소. 감히 간언하는 신하가 적은 것도 그런 이유 때문이오. 나는 앞으로 겸허한 태도로 간언을 받아들일 생각이니 모쪼록 모든 신하들이 서슴없이 자기의 의견을 말해주기 바라오."

『莊子』 내편에 다음과 같은 얘기가 나온다.

안회가 스승 공자에게 여행을 떠나겠다고 하자, 공자가 다음과 같이 말하였다.

"어디로 가려고 하느냐?"

"위나라로 갈까 합니다."

"무엇 하러 가려는 것이냐?"

"들자하니 위나라 임금은 나이가 젊고, 독단적인 행동만 한다고 합니다. 그는 나라를 잘못 다스리면서도 자신의 잘못을 알지 못하고, 백성들의 죽음도 가벼이 여겨 나라 안에 죽은 사람들이 가득하여 연못 속의 이끼와 같다고 합니다. 이에 백성들은 갈 곳조차 없다고 합니다.

저는 일찍이 선생님께서 "잘 다스려지는 나라에서 떠나 어지러운 나라로 가야 한다. 이는 의사의 집에 병자가 많이 모이는 것과 같은 이치이다"라고 말씀하시는 것을 들었습니다. 지금 그 말씀을 실행하려고 합니다. 제가 가면 그 나라는 바르게 고쳐질 것입니다."

이에 공자가 말하였다.

"네가 가면 형벌을 면치 못할 것이다. 도(導)란 잡되지 않아야 한다. 잡되면 일이 많아지고, 일이 많아지면 어지러워지고, 어지러우면 근심이 생기고, 근심이 생기면 구제해 줄 수 없게 된다. 옛날에 지극한 사람은 먼저 자기 자신을 살피고 난 뒤에야 남의 일에 관여했다. 자기 자신을 살펴본 결과가 불안정한데 난폭한 사람이 하는 행동을 간섭할 틈이 어디 있겠느냐?"

'자신을 알려거든 다른 사람이 하는 것을 유심히 보라'는 말이 있다. 상대방이 자신의 거울이 될 수 있기 때문이다.

자신을 살피고 돌아볼 줄 아는 사람은 그렇지 않은 사람에 비해 보다 더 아름답고 평안한 생활을 영위해 나갈 수 있다. 왜냐하면 자신을 살피고 들여다보는 것만으로도 자신의 옳고 그름을 알 수 있기 때문이다.

다른 사람에게 필요한 사람이 되고 싶은가? 그렇다면 먼저 자기 자신을 살필 줄 알아야 한다.

---

*안회(顔回) 중국 춘추시대 노(魯)나라의 현인. 공자가 가장 신임하였던 제자였다. 은 둔자적인 성격으로 "자기를 누르고 예(禮)로 돌아가는 것이 곧 인(仁)이다", "예가 아니면 보지도 말고, 듣지도 말고, 말하지도 말고, 행동하지도 말아야 한다"는 공자의 가르침을 지켰다.

"왜 굴이 밖에서
정답을 찾으려고 하는가?
우리가 찾는 정답은
대부분 늘 보면서 놓치고 있는
바로 그곳에 있다."

정답은 항상 가까운 곳에 있다

伐柯伐柯(벌가벌가) - '도끼자루를 벤다'는 뜻으로,
해답은 늘 가까운 곳에 있다는 말.
- 『詩經』

연나라 소왕은 연나라가 힘이 약하고 부족하다는 것을 느끼고 스스로 겸손하고 몸을 굽혀서 사방팔방으로 인재를 구하고자 했다. 이때 곽외(郭隗)라는 선비가 찾아와 다음과 같이 말하였다.

"제왕(帝王)은 훌륭한 스승을 모시고, 왕자(王者)는 좋은 친구를 가지고 있으며, 패자(覇者)는 훌륭한 신하를 거느리는 법입니다. 예의를 다하여 상대방을 받들고 겸손한 자세로 가르침을 청하면 자기보다 백 배나 훌륭한 인재가 모여듭니다. 또 상대방에게 경의를 표하고 그 의견을 진지하게 듣는다면 자기보다 열 배 훌륭한 인재가 모이게 됩니다. 그러나 상대방과 똑같이 행동하면 자기와 비슷한 사람만 모여듭니다. 그리고 의자에 기대어 곁눈질이나 하면서 지시한다면 소인배들만 모여들게 되며, 무조건 화를 내고 혼낸다면 노복(奴僕)들만 모일 뿐입니다."

그러자 소왕이 되물었다.

"그럼 누구에게 가르침을 청하고 그 의견을 들으면 좋겠소?"

이에 곽외가 다시 말을 이었다.

"이런 이야기가 있습니다. 옛날 어느 왕이 천금을 걸고 천리마를 사려고 하였습니다. 하지만 3년이 지나도록 구할 수 없었습니다. 그러던 어느 날 '제가 한 번 사오겠습니다'라며 나선 사람이 있었지요. 그러자 왕은 그에게 천리마 구하는 일을 맡겼습니다. 그로부터 석 달 후 천리마가 있다는 소식을 듣고 그 사람이 달려갔지만 말은 이미 죽은 뒤였습니다. 하지만 그는 죽은 말의 뼈를 5백금에 사가지고 돌아왔습니다. 이에 왕은 크게 노했지요.

'내가 원하는 것은 살아 있는 말이다. 죽은 말을 5백금이나 주고 사오다니 그런 바보가 어디 있는가?'

그러자 그 사나이는 다음과 같이 이야기 하였습니다.

'죽은 말을 5백금이나 주고 샀다는 소문이 퍼지면 살아 있는 말은 훨씬 많은 돈을 줄 것이라 믿게 될 것이며 그렇게 되면 사방에서 천리마가 모여들 것입니다.'

과연 그의 말대로 일 년도 안 되어 천리마가 세 마리나 모여들었다고 합니다.

지금 대왕께서 진심으로 인재를 구하고 싶으시다면 먼저 이 사람 곽외부터 기용하십시오. 저와 같은 사람을 중히 쓰신다면 저보다 훌륭한 인물들이 천릿길도 멀다 않고 모여들 것입니다."

소왕은 감동한 나머지 즉시 곽외를 스승으로 받들고 가르침을 받기로 하였다.

그 후 과연 제나라에서는 추연(鄒衍)이라는 현자가 스스로 찾아왔으며, 조나라에서는 악의와 극신이라는 선비가 찾아오는 등 국내외에서 훌륭한 인재들이 모여 들게 되었다.

항상 새로운 것을 만들어 내야 하는 사람은 늘 '색다른 거리'를 찾기 마련이다. 그렇다면 이들이 눈에 불을 켜고 찾는 '새 트랜드'는 어디서, 어떻게 찾는 것이 좋을까.

행복을 의미하는 파랑새를 찾아나선 어린 남매 치르치르와 미치르의 이야기를 그린 유명한 희곡 〈파랑새〉에서 힌트를 얻을 수 있다. 치르치르와 미치르는 행복의 파랑새를 찾아 멀리 여행을 떠나지만 결국 여행에서 돌아와 자기 집 문에 매달린 새장 안에서 그 파랑새를 찾게 된다는 이야기다.

'행복'을 '트랜드'로 바꾼다면 당신이 찾고 있는 트랜드는 멀리 있는 것이 아니라 바로 당신 주변에 있다고 말할 수 있다. 마찬가지로 많은 기업과 조직이 인재를 뽑으려고 할 때 내부보다는 외부에 눈을 돌리곤 한다. 하지만 그 기업과 조직을 가장 잘 아는 사람은 외부에 있는 사람이 아닌 내부에 있는 사람이다. 또 조직을 발전시킬 수 있는 방법과 문제점을 가장 잘 알고 있는 것도 역시 그들이다.

왜 굳이 밖에서만 정답을 찾으려고 하는가?

우리가 찾는 정답은 대부분 우리가 늘 보면서 놓치고 있는 바로 그곳에 있다는 사실을 알아야 한다.

*곽외(郭隗) _ 중국 춘추전국시대, 연나라의 재상.

위기에서 벗어날 묘안이 있는가?

反間計(반간계) – '반목시키고 이간시키는 계략'이라는 뜻으로,
관계를 멀어지게 하거나 나쁘게 하려는 꾀를 말함.
-『孫子兵法』용간편

췌나라에서 초나라 회왕에게 아름다운 미인을 보냈다. 호색이었던 회왕은 그녀를 총애한 나머지 아예 품에 안고 살았다. 정비였던 정수부인은 그 사실을 알고도 오히려 그녀를 귀여워하여 좋은 옷이며 노리개, 그리고 고급 가구 등 그녀가 좋아하는 것을 모두 장만해주었다.

이에 회왕조차도 감탄할 정도였다.

'질투가 나는 게 당연한데도 정수는 오히려 나보다 더욱 그녀를 예뻐해주는구나. 참으로 마음이 넓은 여자군.'

그러던 어느 날 정수부인이 그녀를 불러 다음과 같이 말하였다.

"전하께서는 그대가 예뻐서 미칠 지경이라고 하오. 다만 코는 조금 불만이 있는 것 같소. 그러니 앞으로는 전하 앞에서 코를 손으로 살짝 가리는 것이 어떨까 싶소."

그 후 그 여자는 회왕 앞에서 항상 코를 가렸다. 그 이유가 몹시 궁금했던 회왕은 어느날 정수부인에게 그 이유를 물었다.

"새로 온 여인은 왜 내 앞에서 항상 코를 가리는 것이오?"

"네, 그게…."

"어서 말해보시오."

희왕이 다시 재촉하였다.

"사실은… 전하의 몸에서 냄새가 난다고…."

이에 크게 격분한 회왕은 즉시 그 여자의 코를 잘라 버리도록 명하였다.

• •

한고조 유방이 초나라 항우에게 포위되었을 때의 일이다.

군량도 떨어지고 추위가 엄습하자 고조는 자신에게 약간의 땅을 주면 강화를 맺겠다고 요청하였다.

항우가 이를 받아들이려고 하자 그의 명참모 범증이 반대하며 나섰다.

"지금 한나라 군대는 매우 지쳐 있어서 쉽게 격퇴시킬 수 있습니다. 만약 지금 그들을 놓아주어 멸하지 않으면 훗날 반드시 후회하게 될 것입니다."

이에 항우는 범증의 말을 받아들여 포위를 더욱 강화하였다.

그러자 유방은 불안에 떨며 잠을 이루지 못하였다. 그때 그의 책사였던 꾀주머니 진평의 계교가 다시 한 번 빛을 발한다.

당시 항우가 유방의 진영을 살피기 위해 그의 진영으로 사신을 보냈는데, 진평은 사람을 시켜 풍성한 주안상을 두 손으로 받쳐 들고 가서 사신에게 내놓으라고 하였다. 그리고 사신을 보고 크게 놀라는 척 하며 "범증의 사신인 줄 알았는데, 항왕의 사신이구나!"라고 말하고는 도로 가지고 돌아가 다시 형편없는 음식을 항우의 사신에게 내놓으라고 하였다.

사신이 돌아와서 항우에게 이 사실을 그대로 보고하자 항우는 필시 범증과 유방이 내통하고 있다고 의심하여 조금씩 그의 권력을 박탈하기 시작하였다.

그러자 범증이 크게 분노하며 다음과 같이 말하였다.

"천하의 일이 이미 정해졌소. 이제 대왕 당신께서 알아서 모든 일을 처리하십시오. 바라옵건대 저를 고향으로 돌아갈 수 있도록 해주십시오."

항우는 주저 없이 이를 받아들였다.

그렇게 범증이 떠났지만 고향에 도착하기도 전에 등의 독창이 심해져 죽고 말았다.

이렇게 하여 항우는 가장 뛰어난 참모였던 범증을 잃고 말았고, 이는 결국 그의 패배로 귀결되었다.

참모가 갖춰야 할 덕목에는 여러 가지가 있다. 직언을 서슴지 않는 것도 필요하고, 치밀한 일 처리 능력도 요구되며, 정확한 식견으로 앞을 내다볼 줄도 알아야 한다.

하지만 옛날이나 지금이나 절대적으로 요구되는 덕목은 바로 난관에 부딪쳤을 때 이를 교묘하게 타개해 나가는 위기관리 능력이다. 또 이 위기관리 능력이야말로 명참조의 절대적인 조건이라고 할 수 있다.

위기는 우리 인생에도 닥치게 마련이다. 이에 위기 상황을 미리 설정해놓고 대처하는 방안을 구상하다보면 위기에서 벗어날 수 있는 묘안들을 찾을 수 있다.

따라서 위기가 오기 전에 미리 위기를 준비하는 사람이야말로 진정 현명한 참모라고 할 수 있다.

---

*진평(陳平)　한(漢) 나라의 공신. 유방(劉邦)을 도와서 천하를 평정하였고, 여공(呂公)이 죽은 후 주발(周勃)과 함께 여씨(呂氏) 일가를 죽이고 한실(漢室)을 편안하게 하였다.

마음을 쓰는 자는 남을 다스리고
힘을 쓰는 자는 남의 다스림을 받는다

合從連衡(합종연횡) - 중국 전국시대 최강국인 진과 연·제·
초·한·위·조의 6국 사이의 외교 전술로 소진의 합종책과
장의의 연횡책을 말함. - 『戰國策』

전국시대 일곱 나라, 즉 전국 7웅 중에서도 진나라는 초강대국이었다. 이에 전국 7웅 사이에는 합종연횡이 활발히 이뤄졌다. 진나라를 제외한 여섯 나라가 힘을 합쳐 진나라에 대항하자는 '합종책'과 아예 진나라에 복종하면서 침략을 받지 않고 평화를 구하자는 '연횡책'이 바로 그것이다.

전자는 소진이, 후자는 장의가 주장하였는데 이들의 현란하고도 교묘한 유세술(遊說術)은 오늘날까지도 유명하다.

처음에는 소진의 합종책이 채택되어 여섯 나라가 뭉쳐 진나라에게 대항하는 바람에 진나라가 30년 동안이나 국경 밖으로 진출하지 못할 정도로 위축되었다. 그러나 그 후 장의의 활약으로 연횡책이 성립된 후 진나라는 천하통일로 가는 큰 길을 열 수 있었다.

전국시대 뛰어난 변설가였던 소진과 장의가 남긴 말들을 들여다보고 있으면 저절로 감탄사가 튀어나온다. 누구라도 그들의 말을 들으면 설복당할 정도이다.

그들의 논법은 한마디로 말하면 적의 약점과 치부를 낱낱이 드러내는 동시에 우리 쪽의 강점을 하나하나 열거하여 강조하는 것이었다. 물론 그들이 사용하였던 기가 막힌 비유법과 현란하고 논리정연했던 수사학 솜씨는 그들의 말을 듣는 제왕들의 마음을 완전히 사로잡고도 남았다.

소진은 우선 각국의 지리적인 상황을 설명하고 그 나라의 군사력을 정확하게 평가한 다음 국내의 정세를 군사지리학적인 입장에서 분석하였다. 그리고 다른 나라와 동맹을 맺어 진나라에 대항하는 것이 유리한지, 아니면 진나라에게 굴복하고 다른 나라와의 외교관계를 끊는 것이 유리한지의 외교정책을 객관적으로 비교하였다. 뿐만 아니라 군주의 심리를 정확히 파악하여 능수능란하게 조종하였다. 그 결과, 결국 여섯 나라의 합종책을 이뤄낼 수 있었다.

반면, 장의는 소진과 비슷한 논리를 가지면서도 결론 부분은 진나라에 협력하는 연횡책으로 유도하였다.

소진이 조나라 왕을 만나 천하의 합종에 대한 계책을 제안하였을 때의 일이다.

"나라의 정책은 백성을 편안하게 해주는 것 이상 없습니다. 백성을 편안하게 해주는 근본은 외교입니다. 그 방향이 잘못되면 결코 백성의 안정이 이루어질 수 없습니다.

제나라와 진나라를 모두 적으로 삼는다면 백성은 안정될 수 없으며, 또한 진나라에 의지해서 제나라를 공격해도 안정될 수 없습니다. 지금 조나라는 나라의 크기가 사방 이천여 리에 이르며 군대는 수십만 명이나 됩니다. 그리고 전차가 1천 대, 군마는 1만 필이나 되며 식량은 몇 년을 끄떡없이 버틸 정도로 쌓아두고 있습니다. 북쪽에 연나라가 있으나 연나라는 원래 약소국입니다.

따라서 진나라가 가장 두려워하는 나라는 조나라뿐입니다. 그런데도 진나라가 군사를 일으켜 조나라를 공격하지 않은 이유는 무엇 때문이겠습니까?

바로 한나라와 위나라가 그 배후를 기습하지나 않을까 두려워하기 때문입니다. 따라서 한나라와 위나라는 조나라의 보호막입니다. 그러나 진나라가 한나라와 위나라를 친다면 얼마 지나지 않아 두 나라는 항복할 수밖에 없고 그렇게 되면 진나라는 그 여세를 몰아 조나라를 놀리게 됩니다.

지금 천하의 형세를 살펴보면 6국의 영토는 진나라의 다섯 배가 넘으며 군사의 수는 진나라의 열 배나 됩니다. 그러니 여섯 나라가 힘을 합쳐 서쪽의 진나라를 공격한다면 반드시 격파할 수 있을 것입니다. 반대로 힘을 합치지 않고 서쪽의 진나라를 섬기기만 한다면 모두 진나라의 신하로 전락하고 말 것입니다.

연횡론자들은 다른 나라의 땅을 쪼개서 진나라에게 바치려는 생각뿐입니다. 때문에 그들은 밤낮으로 진나라의 힘을 빌려 공갈과 협박을 해 땅의 양도를 요구하는 것입니다.

한·위·조·제·연·초의 여섯 나라가 합종하고 진나라에 맞서는 방법보다 더 좋은 방법은 없습니다. 6국이 합종한다면 진나라는 결코 함곡관을 빠져나오지 못할 것입니다.”

그러자 조나라 왕은 크게 기뻐하며 다음과 같이 말하였다.

“내가 왕위를 물려받은 지 얼마 안 되어 지금까지 국가의 장래를 확실하게 대비할 수 없었소. 그러나 오늘 그대의 말을 들으니 천하를 온전히 보존하는 비책이 있었구려. 기꺼이 그대의 의견에 따르겠소.”

한편 장의는 위나라에 가서 위 왕을 설득하였다.

“위나라 땅은 사방 천 리가 되지 않고 군대도 30만 명에 불과합니다. 더욱이 사방이 모두 평지로 되어 있어 다른 나라의 공격을 막아내기 어렵습니다. 지금 위나라는 사방 국경의 초소와 요새를 지키는 데만도 110만 명이 필요합니다. 남으로 초나라와 친하여 제나라와 친하지 않으면 제나라가 동쪽을 공격할 것이고, 동쪽으로 제나라와 친하여 조나라와 친하지 않으면 조나라가 북쪽을 공격할 것이며, 한나라와 친하지 않으면 한나라가 서쪽을 공격할 것이고, 또 초나라와 동맹하지 않으면 초나라가 남쪽을 공격할 것입니다. 이른바 사분오열(四分伍裂)의 형세란 이를 두고 하는 말입니다.

지금 제후들이 합종을 맺는 것은 나라를 안정시키고 왕의 지위를 보장하며 군대를 강하게 만들어 나라의 명예를 빛내고자 하기 위함입니다. 그래서 합종론을 주장하는 자들은 지금 천하를 하나로 묶어

형제의 맹약을 맺게 하였습니다. 하지만 친형제조차 재물을 다투는 법인데, 지금 겨우 사기와 배반을 일삼는 소진의 하찮은 계책에 의지하고 있으니 그 실패는 명약관화하다 하겠습니다. 대왕께서 지금 진나라를 섬기지 않으시면 진나라는 곧바로 군대를 일으켜 공격할 것입니다. 그렇게 되면 조나라도 다른 나라도 진나라의 보복이 두려운 나머지 위나라를 구원하지 못한 채 합종의 약속은 깨지고 결국 위나라는 위험에 빠질 것입니다.

제가 대왕을 위해 계책을 말씀드리자면 진나라를 섬기는 것이 제일의 상책입니다. 그렇게 되면 초나라와 한나라는 감히 움직이지 못할 것이며, 따라서 대왕께서는 근심이 없이 베개를 높이 베고 편안히 누워 주무실 수 있습니다.

합종론자들은 말주변이 좋지만 믿을 만 할 게 못됩니다. 그들은 제후 한 명을 설득하면 벼슬을 얻기 때문에 천하의 유세객들이 모두 눈을 휘번뜩 거리면서 합종을 내세워 군주를 설득하려고 합니다. 하지만 가벼운 깃털도 많이 실으면 배가 가라앉고, 가벼운 물건도 많이 싣게 되면 수레가 부서지며, 여러 사람이 떠들면 쇠도 녹이고, 비난을 계속 받으면 뼈도 삭기 마련입니다. 대왕께서는 잘 생각하셔서 나라를 보존하시옵소서. 신은 이만 물러나 위나라를 떠나려고 하오니 허락해주십시오."

이 말을 들은 위나라 왕은 마침내 합종의 약속을 깨고 장의를 통해 진나라에 화친을 청했다.

한편 장의가 초나라 회왕을 찾아간 적이 있다. 초나라 회왕은 여색을 좋아했는데, 특히 남후와 정수라는 두 미녀를 총애하였다.

회왕을 만난 자리에서 장의가 말하였다.

"이제 진나라로 가고자 합니다. 그런데 진나라의 미녀들은 예로부터 유명하여 다른 지방 사람에게는 마치 하늘에서 내려온 선녀처럼 보인다고 합니다. 혹시 생각이 있으십니까?"

그러자 회왕은 빙그레 웃으며 다음과 같이 말하였다.

"우리나라는 외진 곳에 있어서 나는 이제껏 중원의 아름다운 미희를 구경조차 하지 못했소. 그대가 나에게 아름다운 여인을 만나게 해줄 수 있겠소?"

회왕은 장의에게 많은 자금을 주었다. 이 소식을 들은 남후와 정수 두 여인은 안절부절 못하였다. 중원에서 미녀를 데려오면 자신들의 운명도 끝장이었기 때문이다. 남후와 정수는 당장 장의에게 사람을 보내어 금 천 근씩을 노잣돈에 쓰라고 건네주었다.

며칠 후 장의가 회왕에게 작별인사를 하고자 다시 방문하였다.

"이제 떠날 때가 되었습니다. 이별의 술잔이라도 내려주시기 바랍니다. 그런데 어쩐지 적적하군요. 마음에 드시는 분을 합석시키면 어떻겠습니까?"

그러자 회왕은 남후와 정수를 불러 술을 따르도록 하였다. 그러자 장의는 한 동안 크게 놀란 모습을 하더니 다음과 같이 말하였다.

"제가 크게 잘못할 뻔 했습니다."

"아니, 그게 무슨 말인가?"

회왕이 깜짝 놀라 되물었다.

"많은 나라를 다녀보았지만, 저 두 분처럼 아름다운 미인을 결코 본 적이 없었습니다. 그것도 모르고 미인을 구해오겠다고 바보 같은 말씀을 올렸습니다. 이제 저는 폐하께 다시는 미인 얘기를 할 수 없게 되었습니다."

장의가 거듭 면구스럽다는 표정을 지었다.

"아니, 괜찮네. 실은 과인도 천하에 이 두 사람만한 미인은 없을 거라고 생각하고 있었네."

회왕은 얼굴 가득 만족한 미소를 머금고 고개를 끄덕였다. 남후와 정수의 기쁨이 얼마나 컸는지는 두 말할 필요조차 없다. 이 한마디 말로써 장의는 아무런 밑천도 들이지 않고 많은 돈을 얻고, 회왕과 남후, 그리고 정수에게 비교할 수 없을 만큼의 신임을 얻어내는 데 성공하였다.

『맹자』에 '마음을 쓰는 자는 사람을 다스리고, 힘을 쓰는 자는 남에게 다스림을 받는다(勞心者治人 勞力者治於人)'는 말이 있다.

오기 장군이 위나라 무제를 섬기고 있을 때의 일이다.

어느 날 오기는 무제를 수행하고 서하라는 강을 유람하고 있었다. 강가의 절경을 바라보던 무제는 오기를 돌아보며 자랑스러운 듯 말하였다.

"참으로 놀랍지 않소? 저 험준한 지형을 보시오. 이것이야말로 우리나라의 보배라 할 것이오."

이에 오기는 다음과 같이 말하였다.

"나라의 보배는 험준한 지형이 아니라 위정자의 덕입니다. 하나라 걸왕이 살던 곳은 왼쪽에 황하가 오른쪽에는 태산과 화산이 있었고, 남쪽에는 이궐산이, 그리고 북쪽에는 양장판이 있었습니다. 하지만 정치가 어질지 못해 결국 탕임금에게 내쫓기고 말았던 것입니다.

또한 은나라 주왕은 왼쪽에 맹문산이, 오른쪽에 태항산이 둘렸으며, 상산이 그 북쪽에 있고, 황하가 그 남쪽에 흘렀습니다. 하지만 덕이 없어 주나라의 무왕에게 죽임을 당하고 말았습니다. 만약 지금 대왕께서 덕을 등한시 하시면 이 배에 타고 있는 사람들조차 적국 쪽에 가담하고 말 것입니다."

---

*장의(張儀)   중국 전국시대 위나라의 모사. 소진의 주선으로 진나라에서 벼슬살이를 하게 되어 혜문왕 때 재상이 되었다. 연횡책을 주창하면서 위 · 조 · 한나라 등 동서로 맞닿은 6국을 설득, 진나라를 중심으로 하는 동맹관계를 맺게 하였다.

나보다 못한 사람은 없다

兼聽則明(겸청즉명) - '양쪽 말을 아울러 들으면 현명해진다'는
뜻으로, 여러 사람의 얘기를 들어야 시비를 명확히
가려낼 수 있다는 말. - 『資治通鑑』 당기

당 태종의 시대를 '정관의 치'라고 한다. 비단길을 개척한 한무제, 청의 전성기를 연 강희제의 집권기와 함께 중국사의 황금시대로 꼽히는 시기이다.

당 태종이 '정관의 치'를 열 수 있었던 것은 결단력이 뛰어난 두여회, 기획력이 빼어난 방현령, 강직한 대부 위징 등과 같은 현신의 보필이 있었기 때문이다. 특히 위징은 역사적인 교훈을 예로 들면서, 군주의 편파적인 판단이 얼마나 잘못된 결과를 초래하는지 설명하곤 했다. 항상 직언으로 태종의 잘못을 스스로 고치도록 해 황금시대를 여는데 결정적인 공헌을 했다. 대범성과 포용력이 뛰어난 당 태종은 무슨 일을 할 때마다 늘 위징으로부터 꾸지람을 당하지 않을까 조심했다.

역사가들은 위징을 춘추전국시대 제환공을 보필한 관중, 삼국시대 촉의 유비와 유선을 보필한 제갈공명의 맥을 잇는 명재상으로 평가한다. 목숨을 건 그의 직언에 대해 당 태종은 때로는 기분이 나쁘고 때로는 죽이고 싶었지만 꾹 참고 그의 말을 들음으로써 역사상 최고의 성군이 될 수 있었다.

그러나 아무리 충언이라도 자꾸 들으면 짜증이 나는 법. 당 태종 역시 어느날 울화가 치밀대로 치밀었다.

하루는 황제가 조회를 마치고 들어와 황후에게 말하기를 "그 촌놈을 죽여버려야지…"라고 하면서 단칼에 목을 칠 것 같은 위세를 보였다. 그러자 황후가 그 내막을 알고는 조용히 물러갔다가 조복을 갈아입고 들어와 황제에게 넙죽 절을 했다. 의아해 하는 황제에게 황후는 이렇게 말하였다.

"임금이 밝으면 신하가 곧다(君明臣直)고 했습니다. 위징이 곧은 것을 보니 폐하의 밝음이 드러나는지라 이를 경하드립니다."

태종은 바로 황후의 깊은 뜻을 알아차리고는 화를 풀고 위징의 직언을 계속 되새겼다고 한다.

위징의 간언은 준엄했으며, 때로는 태종을 정면으로 비난하기도 했다. 태종은 이에 대해 화를 내는 일도 간혹 있었으나 200여 차례에 걸친 그의 간언을 대부분 받아들였다. 그러나 태종보다 18세 위인 위징은 태종보다 먼저 죽었다.

태종은 위징이 죽자 자기를 비춰보던 거울이 깨졌다며 애통해 하면서도 자신을 괴롭히는 신하가 없어지자 그만큼 편해했다. 그 결과, 자신의 마지막 꿈이었던 고구려 침략에 나섰다가 고구려군에 대패해 도망쳐야만 했다. 여기서 당 태종의 그 유명한 탄식이 나온다.

"만약 위징이 살아 있었다면 이 전쟁을 막았을 텐데…."

결국 당 태종의 뛰어난 통치는 고구려 전쟁의 실패로 말미암아 빛을 잃고 만다.

이 이야기는 지도자가 참모의 말을 잘 듣는 것이 얼마나 중요한지를 보여준다.

중국 전한(前漢) 시대 유향(劉向)이 동주(東周) 후기인 전국시대(戰國時代) 전략가들의 책략을 편집한 『전국책』을 보면 다음과 같은 말이 나온다.

"거울을 거울로 삼으면 얼굴을 볼 수 있지만 사람을 거울로 삼으면 그 길흉을 알 수 있다."

예나 지금이나 성현들은 "나보다 못한 사람은 결코 없다"며 모든 사람들의 언행을 거울로 삼아야 한다고 말한다. 그런데 지금 우리들은 어떤가?

자신을 바꾸려고 하는 것이 아니라 자신의 입장에 맞게 남을 가르치려 하고 바꾸려고 한다. 성현들이 강조하는 '거울(인생의 지표로 삼은 사람)'이 현대인들에게는 없기 때문이다.

누구나 '거울' 하나쯤은 가지고 있어야 한다. 그래야만 자신의 삶을 더욱 맑게 비추고 발전시킬 수 있다.

조직의 리더 역시 마찬가지이다. 리더는 여러 사람의 말을 경청해 그 중 가장 좋은 것을 채택하여 조직을 올바른 방향으로 이끌어가야 한다. 그렇지 않고 어느 한 사람의 말만 일방적으로 믿고 따를 경우 당 태종과 같은 뒤늦은 우를 범할 수 있다.

· 승산 없는 싸움은 하지 마라. · 적을 알고 나를 알라. · 먼저 주도권을 잡아라.
· 아군은 모으고 적은 분산시켜라. · 실을 피하고 허를 쳐라. · 적의 눈을 속여라.
· 임기응변으로 싸워라. · 장수를 얻어라.
－『손자병법』

Part 4 난세를 경영하는 법
어떻게 위기를 돌파할 것인가?

어려운 일을 맞닥뜨렸을 때 우리의 반응은 크게 두 가지로 나눌 수 있다. '한 번 해볼만 하다'와 '되지도 않을 일을 내가 왜 해?'라고 하는 것이 바로 그것이다. 순간의 선택이지만 긍정적이냐 혹은 부정적이냐 하는 태도는 인생에서 매우 큰 차이를 만든다. 긍정이 성공에 이르는 길이라면 부정은 실패에 이르는 지름길이라고 할 수 있다.

"결국 세상은
나와 내 자신,
혹은 나와 상대방과의 대결로 압축된다.
즉, 승부를 결정짓는 절대 요소는
나 자신에게 달려있는 것이다."

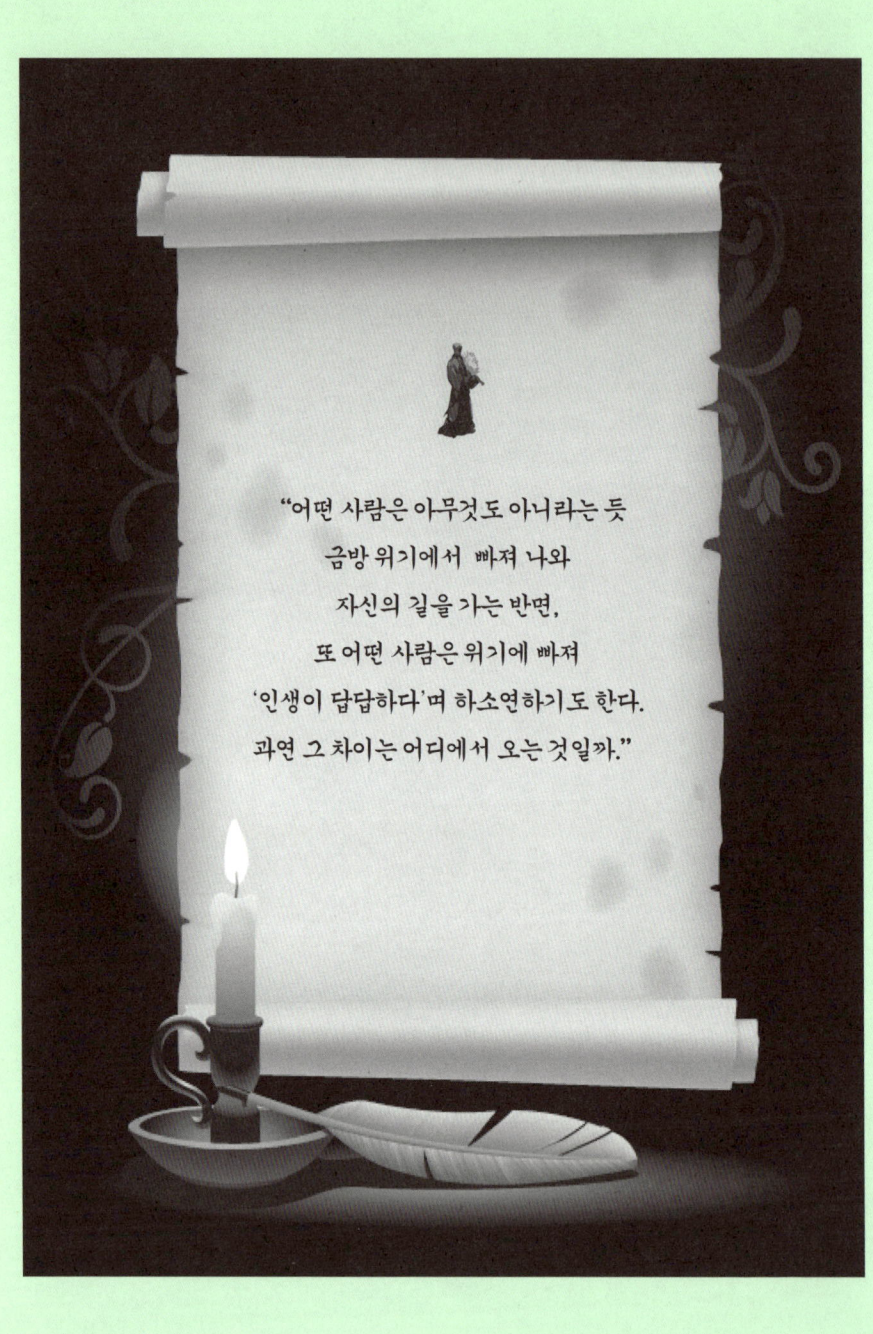

"어떤 사람은 아무것도 아니라는 듯
금방 위기에서 빠져 나와
자신의 길을 가는 반면,
또 어떤 사람은 위기에 빠져
'인생이 답답하다'며 하소연하기도 한다.
과연 그 차이는 어디에서 오는 것일까."

위기에서 벗어날 대안이 있는가?

狡兎三窟(교토삼굴) - '꾀많은 토끼는 굴을 세 개 판다'는 뜻으로,
위기나 재난이 발생하기 전에 미리 준비해야 한다는 말.
- 『史記』 맹상군열전

전국시대 제나라 왕은 진나라와 초나라의 맹상군에 대한 비방과
계략에 빠져 맹상군의 명성이 자신보다도 높고 권력도 맹상군이 모
두 농단하고 있다고 생각하였다. 이에 맹상군의 재상 직위와 봉읍을
모두 회수하고 말았다.

하루아침에 재상에서 물러난 맹상군을 본 사람들은 모두 그를 배
반하고 떠나갔다. 그러자 그의 식객 중 한 사람이었던 풍환이 다음과
같이 말하였다.

"저에게 진나라로 타고 갈 수 있는 수레 한 대만 주십시오. 반드시
귀공을 제나라에서 다시 중용되도록 만들고 영지도 더욱 넓혀 드리
겠습니다. 가능하시겠습니까?"

이에 맹상군은 수레와 예물을 마련하여 그를 진나라로 보냈다.

진나라로 건너 간 풍환은 진왕을 만나 다음과 같이 이야기 하였다.

"지금까지 진나라에 들어오는 천하의 유세객들은 진나라 편에 서는 자와 제나라 편에 서는 자로 나뉘어 있었습니다. 지금 진나라와 제나라는 천하를 양분하는 두 강국으로서 결코 함께 존립할 수 없습니다."

진나라 왕은 좌불안석이 되어 허리를 꼿꼿이 세운 채 물었다.

"그러면 진나라가 이기기 위해서는 어떻게 해야겠소?"

이에 풍환이 반문하였다.

"제나라에서 맹상군이 파면된 사실을 알고 계십니까?"

"알고 있소."

진나라 왕이 대답하였다.

그러자 풍환은 "사실 제나라가 천하의 강국으로 나서게 된 이유는 바로 맹상군이 있었기 때문입니다. 그런 그가 지금 중상모략을 당하여 물러나 있습니다. 생각건대 원한이 뼈에 사무쳐 반드시 제나라를 배반할 것입니다. 만약 그가 제나라를 버리고 진나라에 오게 되면 제나라의 내정과 인사(人事) 사정 등을 모두 진나라에게 말할 것이며, 그러면 대왕께서는 제나라를 쉽게 취할 수 있을 것입니다. 그러니 이 어찌 패권에 그칠 일이겠습니까? 대왕께서는 지체 없이 사자에게 예물을 보내 조용히 맹상군을 모셔오는 것이 좋습니다. 이 기회를 놓쳐서는 안 됩니다. 만약 제나라 왕이 후회하고 다시 맹상군을 중용하게 된다면 천하 패권의 향방은 또다시 예측할 수 없게 됩니다.”

진나라 왕은 크게 기뻐하며 즉시 수레 10대와 많은 황금을 준비하여 맹상군을 불러올 것을 명하였다.

그러자 풍환은 왕에게 하직하고 진나라 사자보다 먼저 제나라에 도착하여 제나라 왕을 설득하였다.

“지금까지 진나라에 들어오는 천하의 유세객들은 진나라 편에 서는 자와 제나라 편에 서는 자로 갈려 있었습니다. 지금 진나라와 제나라는 천하를 양분하는 두 강국으로서 결코 함께 존립할 수 없습니다. 신이 듣기에 지금 진나라의 사자가 수레 10대에 많은 황금을 싣고 맹상군을 모시러 오고 있다고 합니다.

만약 맹상군이 서쪽으로 가지 않는다면 문제가 없지만 만약 진나라의 재상이 된다면 천하는 곧 진나라에 의지하게 되고 따라서 진나라는 천하 패권을 잡게 되는 반면 제나라는 그 밑에 들어가는 형편이 되어 임치와 즉묵이 위험하게 됩니다. 대왕께서는 어찌하여 진나라 사자가 오기 전에 당장 맹상군을 복직시키고 더 많은 봉읍을 내려 유감의 뜻을 보이지 않습니까? 맹상군은 반드시 기쁘게 받아들일 것입니다. 진나라가 아무리 강국이라고 하지만 어찌 남의 나라 재상을 수레를 보내 초빙할 수 있겠습니까? 그렇게 하여 진나라의 계획을 미리 꺾고 천하를 제압하려는 야망을 좌절시켜야 합니다.”

그러자 제나라 왕은 “알았다”며 곧 사람을 국경으로 보내 사실을 확인하게 하였다. 과연 진나라 사자가 국경을 넘어오고 있었다. 왕은 즉시 맹상군을 불러 재상의 자리에 복직시키고 예전의 봉읍 외에 1천 호를 더 보태주었다. 이에 진나라 사자는 맹상군이 다시 제나라 재상이 되었다는 소식을 듣고는 수레를 되돌려 돌아가야만 하였다.

풍환이 맹상군에게 말하였다.

"이것이 곧 교토삼굴(狡兔三窟)입니다. 영리한 토끼는 굴을 세 개나 가지고 있다는 뜻이지요. 즉, 공자께서는 이제까지 재물만 가지고 계셨기 때문에 굴이 하나뿐이었는데 이제 설 지방의 땅도 생겼으며, 또한 진나라 재상자리도 마련해놓은 셈으로 앞으로는 어려움이 닥치더라도 굴이 두 개 더 생긴 것입니다."

살다보면 누구나 위기를 겪는다. 우리가 알고 있는 모든 사람들도 몇 번씩 위기를 겪었다. 그 누구도 위기에서 비켜가기란 쉽지 않다.

문제는 위기에서 어떻게 벗어나느냐이다.

어떤 사람은 아무것도 아니라는 듯 금방 위기에서 빠져 나와 자신의 길을 걸어가는 반면, 또 어떤 사람은 위기에 빠져 '인생이 답답하다'며 하소연하기도 한다.

과연 그 차이는 어디에서 오는 것일까.

그 차이란 사전에 위험을 대비했으냐 하지 않았느냐의 차이이다. 따라서 지금 눈 앞에 아무 일이 일어나고 있지 않다고 방심해선 안 된다. 잘 나갈 때일수록 예상 밖의 사태에 대비해야 한다.

*풍환(馮驩) _ 중국 전국시대 제나라 사람. 맹상군의 문객으로 있을 때 자신을 알아주지 않자 노래를 불러 이를 한탄하였고, 이를 들은 맹상군이 그의 요구를 들어준 것으로 유명하다.

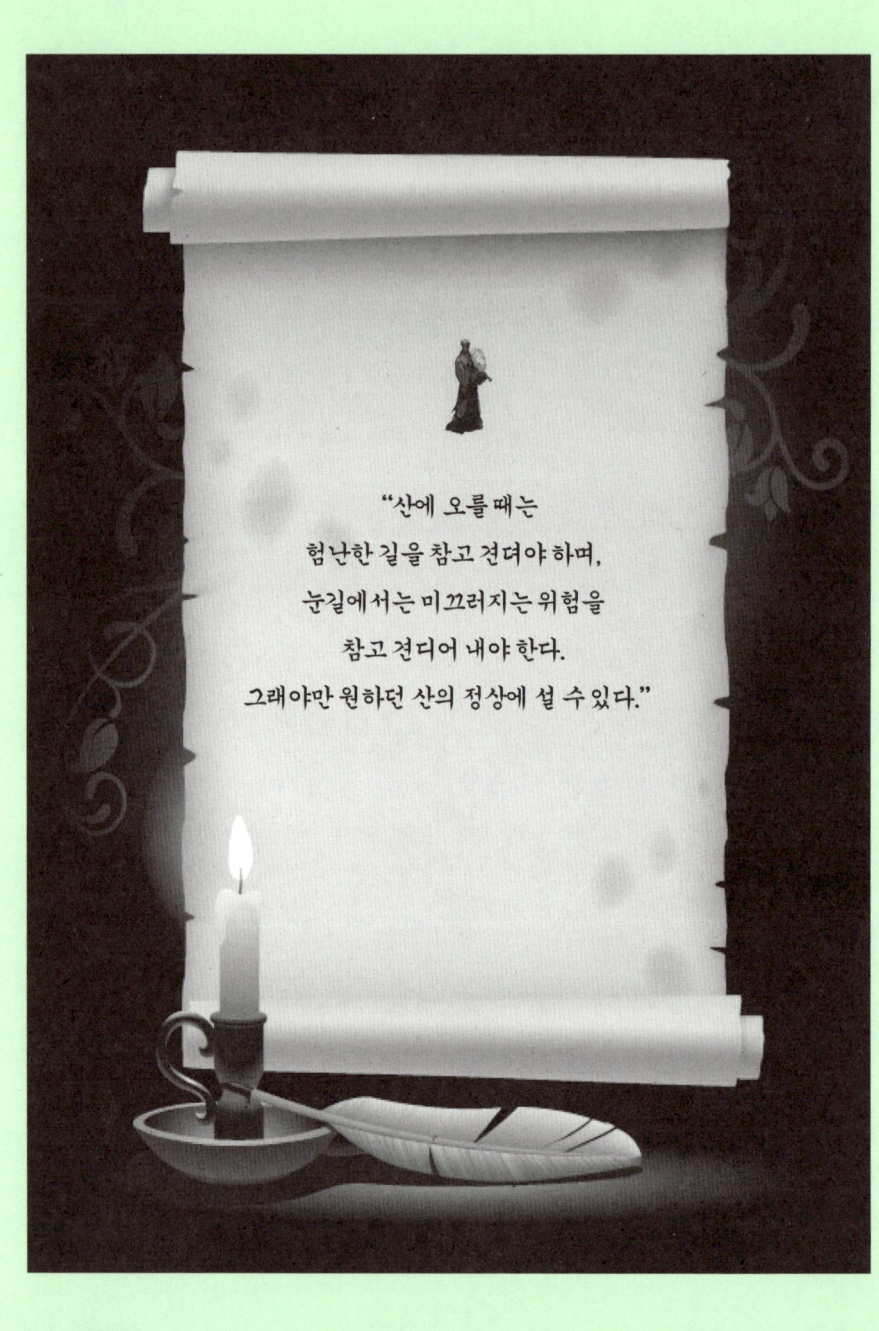

"산에 오를때는
험난한 길을 참고 견뎌야 하며,
눈길에서는 미끄러지는 위험을
참고 견디어 내야 한다.
그래야만 원하던 산의 정상에 설 수 있다."

오늘의 실패를 결코 두려워하지 마라

塞翁之馬(새옹지마) - '변방에 사는 노인의 말'이라는 뜻으로,
인생의 길흉화복은 변화가 많아 예측하기 어렵다는 말.
- 『淮南子』 인간훈

많은 사람들이 실의에 빠지면 결코 그 상황에서 쉽게 벗어날 수
없을 것이라고 생각한다. 그러나 나쁜 점이 있으면 반대로 좋은 점
도 있기 마련이다.

성리학이 명나라 시대에 이르러 절대화되자 이에 대한 반발로 정
립된 것이 바로 양명학이다. 그 양명학을 창시한 사람은 왕양명이다.

어느 날 그는 친구들과 함께 뜰 앞에 앉아 대나무에 대해 이야기
를 하고 있었다. 성리학을 창시한 주자의 격물치지(格物致知)를 익
히기 위해 대나무의 이(理)를 알아보고자 했던 것이다.

그와 친구들은 몇날며칠을 대나무만 쳐다보았다. 결국 사흘 만에
친구 하나가 우울증에 빠졌고, 다시 나흘이 지나자 자신 역시 병으

로 드러눕고 말았다.

이에 그는 고개를 끄덕이며 "역시 성인이란 아무나 되는 것이 아니야"라고 중얼거렸다고 한다.

그는 젊은 날 주자의 격물치지를 깨치기 위해 오랫동안 숙고하였다. 그러다가 마침내 깨달음을 얻어 주자학을 극복할 수 있었으니 그때 그의 나이 서른일곱이었다.

한나라 문제에게는 두희(竇嬉)라는 아름다운 황후가 있었다. 그녀는 원래 명문 집안 출신이었지만 집이 가난해 일찍부터 궁중에 들어가 한고조 유방의 부인 여후를 섬기었다.

그러나 그녀가 궁궐에 들어간 지 얼마 되지 않아 궁중 여인들을 여러 제후들의 후궁으로 보내게 되었다. 두희 역시 거기에 포함되었다. 그녀는 고향인 조나라 땅으로 가고 싶어 평소 안면이 있던 대신에게 간곡하게 부탁하였다.

"저를 꼭 조나라에 보내주십시오."

담당 대신은 그렇게 해주겠다고 약속했다. 하지만 그녀가 간곳은 조나라가 아닌 대(代)나라였다. 울며불며 담당 대신을 원망하였지만 이미 엎질러진 물이었다.

대나라는 북쪽 변경의 오지로서 흉노와 국경을 맞대고 있는 위험한 곳이었다. 그녀는 차마 떨어지지 않는 발걸음을 옮겨 대나라로 갔다. 그녀는 그곳에서 제후의 사랑을 한 몸에 받고 아들 둘과

딸 하나를 낳았다. 당시 대나라 왕에게는 정실부인이 있었고 그 사이에 네 명의 아들이 있었다. 그러나 그 부인이 얼마 지나지 않아 죽고 말았다. 그녀가 난 아들들 역시 특별한 이유 없이 차례로 병이 들어 모두 죽었다.

한편 여후가 죽고 여씨 일족이 몰락하자, 중신들은 여씨의 아들이 아닌 대나라 왕을 천자로 모시기로 결정하였다. 그 결과, 대나라 왕이 황제로 즉위하여 몇 달 후 태자를 정하게 되었는데, 가장 나이가 많은 두희의 장남이 태자로 뽑히게 되었다. 이에 두희는 일개 시녀에서 황후의 자리까지 오르게 되었다. 그렇게도 가기 싫었던 곳으로 갔지만 그것이 그녀의 운명을 바꿔 결국 황후의 자리까지 오른 것이다.

세상 일은 모두 '새옹지마(塞翁之馬)'이다. 그러니 오늘의 실패를 결코 두려워하지 마라.

산에 오를 때는 험난한 길을 참고 견뎌야 하며, 눈길에서는 미끄러지는 위험을 참고 견디어 내야 한다. 그래야만 원하던 산의 정상에 설 수 있다.

인생 역시 마찬가지이다. 원하던 것을 얻기 위해선 수많은 고통과 실패를 겪어야 한다. 삶은 그것을 참지 못하고 중간에 포기하는 사람의 손을 결코 들어주지 않는다.

명심하라. 하루 종일 계속되는 소나기는 결코 없다(驟雨不終日).

---

*두희(竇嬉) _ 효문황후 두씨. 한 문제의 황후이자 경제의 어머니로, 아들이 태자에 봉해진 후 황후의 자리에 올랐다. 두태후라고도 불린다.

언제까지 계획만 세울 것인가?

疑行無名 疑事無功(의행무명 의사무공) – 무슨 일이든 망설이
면서 행하면 명분도 성공도 거둘 수 없다는 말.
– 『戰國策』 조책편

춘추전국시대 조나라는 동서 양쪽으로 동호, 임호, 누번 등 삼호
라고 불리는 유목민족과 국경을 맞대고 있었다. 그들은 모두 기마
술에 능했고 활을 쏘는 데 뛰어났다.

이에 반해 중국 대륙에 있던 나라의 군대들은 전통적으로 전차
중심의 부대로 네 마리의 말이 이끄는 무거운 전차를 끌고 다녀야
했다. 때문에 유목민족의 기마부대에게 언제나 열세에 몰려야만 했
다. 특히 조나라는 그 유목민들과 국경선을 맞대고 있었기 때문에
항상 피해를 보고 있었다. 이로 인해 조나라 무령왕은 항상 노심초
사하였다.

'어떻게 하면 북방의 기마부대를 이길 수 있을까?'

마침내 무령왕은 기마부대에 대항하기 위해서는 전통적인 전차 중심의 전술을 버려야 한다고 결심하였다. 이에 우선 중국 전통의 상의 몸 전체를 하나로 내려 덮는 옷 대신 저고리와 바지를 따로 입는 북방민족의 호복(胡服)을 입어야 한다고 생각하였다. 그와 함께 호복을 입고 활을 쏘며(호복기사, 胡服騎射) 말을 달리는 강력한 기마부대를 창설하고자 하였다.

하지만 신하들의 반발이 거셌다. 이에 무령왕은 조나라가 유목민들에게 당하고 있는 고통에 대해 신하들에게 자세히 설명하고, 그런 위협을 이겨내기 위해서는 그들의 장점을 받아들일 수밖에 없다는 논리를 폈다.

그러자 그간 완강히 반대하던 대신 누완이 왕의 의견에 동조하고 나섰다. 하지만 대다수 신하들은 "오랑캐 옷을 입게 되면 스스로 중화민족임을 포기하는 것입니다"라며 여전히 반대 의견을 굽히지 않았다.

이에 무령왕은 원로 대신 비의를 만나 의견을 나누었다.

비의는 다음과 같이 말하였다.

"대공(大功)을 논하는 자는 여러 사람에게 묻지 않는 법입니다. 또한 의심하면서 시행하면 이름을 떨칠 수 없고, 의심하면서 일을 하면 공을 이룰 수 없다고 하였습니다(의행무명 의사무공, 疑行無名 疑事無功). 폐하께서는 이미 종래의 풍속을 버렸다는 비난을 받을 각오를 하셨습니다. 어리석은 자는 일이 이뤄졌는데도 아직 그것을 모르며, 지혜로운 자는 아직 형태가 나타나기 전에 벌써 그것을 봅니다. 폐하께서는 조금도 주저하실 필요가 없습니다."

이에 무령왕은 크게 기뻐하며 다음과 같이 말하였다.

"광인(狂人)이 즐거워하는 것은 지자(智者)가 슬퍼하며, 어리석은 자가 조소하는 것은 현자가 이를 밝게 살핀다. 나는 호복의 효능을 추호도 의심하지 않는다."

그리고는 스스로 먼저 호복을 입었다. 그러자 많은 관리들이 뒤따라 호복을 입기 시작하였다.

시작하기도 전에 불가능하다고 확신하는 것만큼 어리석은 믿음은 없다. 많은 사람들이 실패하는 이유 중 하나도 바로 그것 때문이다.

'나는 도저히 할 수 없어', '이 정도면 됐어'라는 그릇된 판단이 우리를 삶의 패배자로 만든다.

일단 계획이 섰다면 멈추지 말고 움직여라. 움직여야 한다. 그래야만 뭐라도 할 수 있다.

언제까지 생각만 할 것인가. 움직여야 성공이든 실패든 할 게 아닌가. 다행히 성공이라면 그대로 밀고 나가면 된다. 하지만 실패했다고 하더라도 거기서 어떤 깨달음이나 삶의 힌트를 얻을 수 있을 것이다.

시작도 하기 전에 불가능하다고 믿는 그릇된 판단은 우리를 병들
게 한다. 불가능한 일은 대부분 우리의 상상 속에서만 존재한다는
사실을 알아야 한다.

---

*무령왕(武寧王) _ 전국시대 조나라의 왕. 숙후(肅侯)의 아들로 중국 최초로 기마병을 창
설하였다. 진(秦)이 원교근공책으로 다른 제국을 압박하자 호와 싸워 북방으로 국토를
키웠다. 서북지방을 경략하기 위해 10세에 불과했던 어린 아들 하(何)에게 왕위를 물려
주었다.

한번 놓친 기회는 다시 오지 않는다

時難得而易失(시난득이이실) – '때란 얻기는 어려우나 잃기는
쉽다'는 뜻으로, 기회를 놓치지 않고 활용하는 것의
어려움을 말함. – 『史記』 제태공세가

망설이는 호랑이는 벌만도 못하다. 기회가 왔을 때 그 기회를 잡
지 못하면 결국 패배하고 몸을 망치게 된다.

한신이 바로 그런 경우이다. 한나라의 책사 괴통은 한신의 재능
을 일찍이 알아보고 그에게 항우, 유방과 함께 천하를 삼분하라는
방책을 제안하였다.

어느 날 괴통이 한신을 찾았다.

"처음에 천하가 진나라에 대항하여 군사를 일으키고 영웅호걸들
이 왕을 자칭하면서 세력을 모으자 천하의 뜻있는 사람들이 구름처
럼 모여들어 물고기 비늘처럼 밀집하여 배열되었고 불길처럼 번졌
습니다. 당시에는 사람들이 오직 진나라를 어떻게 멸망시킬 것인가

만 생각하면 되었습니다. 그러나 지금은 초나라와 한나라의 전쟁으로 인해 죄 없는 많은 백성들이 시달리고 있습니다. 또 중원에는 시체와 뼈들이 아무렇게나 마구 널려 있습니다. 초나라 항왕은 팽성에서 군사를 일으켜 사방으로 적을 격파하고 형양에 이르기까지 곳곳을 점령해 천하에 위세를 떨쳤지만 그의 군대는 곤경에 빠져 성고 서쪽의 산지에 막혀 전진하지 못한 채 3년을 꼼짝도 못하고 있는 형편입니다.

또한 한왕은 수십 만 대군을 이끌고도 제대로 한 번 싸워보지도 못한 채 형양에서 패하고 성고에서 부상을 당하여 결국 완과 섭까지 퇴각해 있습니다. 이는 '지혜와 용기를 모두 갖춘 사람도 곤경에 빠질 날이 있다'는 속담을 그대로 말해주고 있습니다.

제 생각으로는 이러한 상황은 천하의 성현이 아니고서는 어느 누구도 진정시킬 수 없습니다. 지금 천하 양웅의 운명은 장군의 손에 달려있습니다. 장군께서 한나라를 섬기게 되면 한나라가 이기고 초나라를 섬기게 되면 초나라가 이기게 되어 있습니다.

혹 제가 속마음을 털어놓고 계책을 말씀드려도 장군께서 받아들이시지 않을까 걱정스럽습니다. 만약 저의 계책을 받아들이실 수 있다면 두 사람 모두에게 손해가 되지 않고 공존하게 하여 장군과 함께 천하를 삼분함으로써 장군께서 그 하나를 취하시어 삼국정립의 시대로 가는 것이 가장 상책입니다. 장군은 현재성덕(賢才聖德)으로서 많은 부대를 거느리셨고 강국인 제나라를 지니면서 연나라와 조나라를 귀순케 하고 계시니, 이제 한나라와 초나라의 힘이 미치지 못하는 지역에 진출하여 양 군의 후방을 견제하는 한편 백성들의 희망대로 항우와 유방의 전쟁을 저지하여 안정을 도모한다면 천하가 바람처럼 몰려오고 메아리처럼 호응할 것입니다. 그런 연후에 대국을 분할하여 약화시키고 그로써 제후들을 봉하게 하면 천하는 그 은공에 감동하여 제나라에 모두 귀순하게 될 것입니다. 제나라를 지키시면서 은덕으로써 제후들을 보살피고 겸허한 태도로 예를 다하면 천하의 제왕들이 서로 다투어 제나라에 접근할 것입니다. 들건대 '하늘이 내린 기회를 받지 않으면 도리어 벌을 받으며, 시기가 왔는데도 행동하지 않으면 재앙을 입는다'고 합니다. 아무쪼록 장군께서는 이 점을 고려하셔야 할 것입니다."

그러나 괴통의 말을 들은 한신은 머리를 가로저었다.

"한왕은 내게 커다란 은혜를 베풀었소. 그는 자신의 수레에 나를 타게 하였고, 자신의 옷을 내게 주어 입도록 하였으며, 자신의 밥을 내게 줘서 먹도록 하였소. 속담에도 '남의 수레를 얻어 탄 자는 그의 환난을 나눠야 하며, 남의 옷을 얻어 입은 자는 그의 근심을 함께 나눠야 하고, 남의 음식을 얻어 먹은 자는 그의 사업을 위해 목숨을 바쳐 일해야 한다'고 했소. 그런데 내 어찌 사사로운 이익에 사로잡혀 의리를 저버릴 수 있다는 말이오?"

그러자 괴통이 다시 말을 이었다.

"지금 장군께서는 스스로 한왕과 관계가 매우 좋다고 생각하여 만세에 남길 공업을 세우고자 하지만 그것은 잘못된 생각입니다. 당초 상산왕과 성안군은 그들이 평민일 때 문경지우(刎頸之友)의 우정을 나눴지만 이후 두 사람 사이에 충돌이 생겨 원수로 변하고 말았습니다. 항왕을 배반한 상산왕이 항영의 머리를 들고 항복하자 한왕은 그에게 성안군을 죽이도록 하였습니다. 천하에 둘도 없는 사이었지만 결국 두 사람은 서로를 죽이지 않으면 안 되는 사이가 되고 만 것입니다. 왜 그렇게 되었겠습니까?

화(禍)는 끝없는 탐욕에서 비롯되고 인심은 변화무쌍한 것입니다. 지금 장군께서는 충심으로써 한왕과 교류한다고 믿으시지만 장군과 한왕의 관계가 반드시 상산왕과 성안군보다 더 공고하지는 않을 것입니다. 대부종은 망해가는 월나라를 일으켜 세우고 월왕 구천을 마침내 천하의 패자로까지 만들었지만 결국 구천에게 죽임을 당하고 말았습니다. 이것이 바로 들짐승이 없어지면 사냥개는 쓸모없게 되어 잡아먹힌다는 세상의 이치입니다. 교분과 우정으로 말하면 장군과 한왕이 장이와 성안군만 못하고, 충신(忠信)으로 말하면 장군과 한왕의 관계가 대부종 및 범여와 구천만 못합니다. 이 두 가지의 예로 볼 때, 장군은 분명히 아실 수 있습니다. 심사숙고하시기 바랍니다. 더구나 저는 '용기와 지략이 군주를 떨게 하는 자는 곧 생명이 위태롭고, 공로가 천하를 뒤덮은 자는 상을 받지 못한다'고 들었습니다.

이제 장군의 공로와 책략에 대해서 말씀드리겠습니다. 장군께서는 서하(西河)를 건너 위왕을 포로로 잡고 정형에서 성안군을 베어 조나라를 항복시켰으며 연나라와 제나라를 평정하고 남쪽으로 용저의 이십만 대군을 무찔렀습니다. 실로 그 공로는 천하에 비길 데 없고, 지략은 불세출(不世出)입니다. 그래서 지금 장군께서 초나라에 가면 초나라가 믿지 못할 것이며 한나라에 가면 또한 한나라가 두려워하는 어려운 처지에 놓여 있습니다. 장군께서는 그런 위세와 공로를 가지고 어디로 가시겠습니까? 지금 장군께서는 남의 신하이면서도 군주를 벌벌 떨게 하는 위세를 가졌으며, 그 이름 또한 천하에 드날리고 있습니다. 이에 저는 장군께서 대단히 위태롭다고 생각합니다."

마침내 한신이 괴통을 저지하고 나섰다.

"그만 하시오. 며칠 동안 생각해보리다."

이에 괴통은 말없이 물러났다. 그리고 며칠 후 다시 한신을 찾았다.

"의견을 들을 수 있는 것은 성공의 징조이고, 반복하여 사고할 수 있는 것은 성공의 관건입니다. 잘못된 의견을 듣고 잘못된 결정을 하고도 오랫동안 안전한 것은 매우 드뭅니다. 의견을 듣고 판단 착오를 거의 하지 않는 자에게는 감언이설로써 그를 미혹시킬 수 없으며, 문제를 고려함에 있어서 본말전도가 없는 자에게는 감언이설로 그를 교란시킬 수 없습니다. 비천한 일을 함에 만족하는 자는 군주의 지위를 쟁탈할 기회를 잃게 되며, 작은 봉록에 미련을 두는 자는 공경재상의 자리를 얻지 못합니다. 그러므로 총냉한 사람은 기회에 임해 결단을 내리며 만약 머뭇거리게 되면 곧 일을 그르칩니다.

자그마한 일에만 전념하게 되면 곧 천하의 대사를 잃게 되며, 시비 판단의 지혜가 있지만 결정한 뒤에 또 다시 감히 실천하지 못하면 이는 곧 실패의 화근입니다. 그래서 '망설이고 있는 호랑이는 벌과 전갈의 독만도 못하며, 제자리걸음만 하는 준마는 안정되게 전진하는 둔마만 못하다'는 말이나 '맹분과 같은 용사도 결단이 없으면 반드시 뜻을 이루려는 필부의 결심만 못하며, 순임금과 요임금의 지혜도 입을 열지 않고 말을 하지 않으면 벙어리의 손짓만 못하다'는 말은 행동이 얼마나 중요한지 말해주고 있습니다.

공은 이루기 어려우나 잃기는 쉽고, 시기는 얻기 어려우나 놓치기는 쉬운 법입니다. 기회를 놓쳐서는 안 되며, 그 기회는 다시 오지 않습니다. 제발 깊이 헤아려주시기 바라옵니다."

그러나 한신은 여전히 주저하였다. 그는 자신의 공로가 크기 때문에 한왕이 차마 자신이 있는 제나라를 공격하지 않을 것이라고 생각하였다. 그러나 그것은 모두 그의 판단착오였다.

얼마 후 그는 한왕에게 사로잡혀 결국 죽임을 당하고 말았다.

농사를 지으면 열 배의 이익을 얻을 수 있고, 보물을 비축해두면 능히 백 배 이상의 이익을 얻을 수 있다. 그러나 사람을 키워 투자하게 되면 그 이익이란 계산할 수 없을 정도이다.

여불위는 사람을 알아보는 눈이 있었다. 그는 그러한 투자 대상을 정확하게 찾아냈고, 그 투자 기회를 민첩하게 포착하여 과감하게 실천하였다. 즉, 자신의 투자 대상이 진정으로 꽃을 피우게 하기 위하여 정확한 방법을 찾아낸 것이다. 이것이 바로 여불위의 성공 요인이었다.

살다보면 누구에게나 인생의 승부를 걸만한 기회가 몇 번 온다. 그 기회를 잘 포착해 성공한 사람이 있는 반면 기회를 놓치고 땅을 치며 후회하는 사람들도 있다. 심지어 언제 기회가 왔는지조차 모른 채 무심히 살아가는 사람들도 더러 있다.

기회란 삶의 목표를 완성시켜주고, 삶을 아름답게 만들어주는 무형의 자산이자 지름길이다.

더 이상 기회를 놓치고 후회하지 마라. 기회가 왔을 때 그 기회를 놓치지 말고 꽉 붙잡아라. 한 번 놓친 기회는 결코 두 번 다시 오지 않는다.

---

*괴통(蒯通) 한나라 초기 모략가. 대원수 한신의 세객이었다. 본래 이름은 괴철(蒯徹) 이었으나 그 이름이 무제의 휘와 같다하여 사마천이 사기에서 이름을 바꿔 쓴 후 괴통으로 더 많이 알려졌다.

"결국 세상은
나와 내 자신,
혹은 나와 상대방과의 대결로 압축된다.
즉, 승부를 결정짓는 절대 요소는
나 자신에게 달려있는 것이다."

승부를 결정짓는 절대 요소 '나'

先勝求戰(선승구전) – '싸우기 전에 이미 승리한다'는 뜻으로,
싸우기에 앞서 승리를 위한 모든 준비를 갖춘다는 말.
– 『孫子兵法』

춘추전국시대 최강국이었던 진나라가 대군을 일으켜 이웃나라인 조나라를 공격하였을 때의 일이다.

예측할 수 없었던 기습을 받은 조나라 조정은 순식간에 불안감에 휩싸였다. 초조해진 조나라 혜문왕이 명장으로 이름 높던 장군 염파에게 물었다.

"지금의 위기에서 벗어날 마땅한 방법이 뭐 없겠소?"

그러자 염파는 다음과 같이 말하였다.

"길이 멀고 험한데다 매우 좁아서 어떤 방법도 무용지물입니다."

실망한 왕이 다시 장군 악승에게 물었다. 하지만 똑같은 대답이 돌아왔다.

체념하다시피 한 왕이 구석에 있던 장군 조사를 향해 다시 물었다. 한동안 침묵이 흘렀다.

잠시 후 조사가 마침내 입을 열었다.

"길이 멀고 험한데다 매우 좁아서…"

여기까지 들은 왕의 얼굴엔 실망의 빛이 역력하였다. 앞서 말한 염파와 악승의 말과 똑같았기 때문이다. 어쩔 도리가 없었다. 이대로 앉아 있다가 진나라 군사들을 맞을 수밖에….

자신의 대에서 나라가 망한다는 생각에 이르자 왕의 얼굴은 슬픔과 분기로 가득찼다.

그 때 조사의 입에서 생각지도 못한 말이 흘러나왔다.

"그곳에서의 전투는 마치 두 마리의 쥐가 쥐구멍 속에서 싸우는 것과 같습니다. 따라서 용감한 장수가 반드시 이기게 되어 있습니다."

그 말에 왕은 기쁨을 감추지 못했다. 그리고 즉시 조사를 대장군으로 삼아 진나라에 맞서 싸우게 하였다.

결과는 대승이었다. 최강국 진나라를 상대로 어떻게 그것이 가능했을까?

주어진 조건을 보는 '눈(관점)'과 풀어나가는 '방법(해결책)'이 달랐기 때문이다.

그렇다. 아무리 어렵고 힘이 들더라도 결국 세상은 나와 내 자신, 혹은 나와 상대방과의 대결로 압축된다. 즉, 승부를 결정짓는 절대 요소는 나 자신에게 달려있다.

실례로, 스포츠에서 기선제압은 매우 중요하다. 그래서 권투경기의 경우 링 위에서 서로 인사를 나눌 때 눈싸움에서 이미 승부가 결정되는 경우가 많다. 하물며 스포츠에서도 그럴진대 인생이라는 싸움은 어떻겠는가.

전장에 나가는 장수에게 필요한 것은 승전가이지 핑계거리가 아니다. 이는 기업이나 조직에 있어서도 마찬가지이다. 처음부터 '안 될 것'이라고 단정짓고 일을 시작하는 사람과 '그래 한 번 해보자'라며 덤비는 사람은 그 결과부터가 다르다. 설령, 똑같이 실패하더라도 주위 사람들이 대하는 태도가 달라진다.

세상에 안 되는 건 없다. 안 되게 보일 뿐이다. 모든 것은 '내게' 달려있다.

사람들이 문제를 대하는 태도는 크게 네 가지로 나뉜다. 두 가지는 긍정적인 것이고 두 가지는 부정적인 것이다.

첫번째 유형은 자신에게 찾아온 문제에 대해 무조건 화를 내며, 두번째 유형은 문제에 무조건 동의한다. 세번째 유형은 해결책을 찾기 위해 노력하며, 마지막 유형은 문제가 더 나빠지거나 나중에 자신에게 다시 돌아오지 않도록 방지하기 위해 최선을 다한다.

당신은 어떤 유형에 속하는가?

어려운 일을 맞닥뜨렸을 때 우리의 반응은 크게 두 가지로 나눌 수 있다. '한 번 해볼만 하다'와 '되지도 않을 일을 내가 왜 해?'라고 하는 것이 바로 그것이다. 순간의 선택이지만 긍정적이냐 혹은 부정적이냐 하는 태도는 인생에서 매우 큰 차이를 만든다. 긍정이 성공에 이르는 길이라면 부정은 실패에 이르는 지름길이라고 할 수 있다.

관도대전을 앞두고 조조 진영은 적인 원소의 대군으로 인해 불안에 휩싸였다. 이를 눈치 챈 조조는 다음과 같이 말하며 군사들의 용기를 북돋았다.

"걱정하지 마라! 승패는 군사의 수가 아니라 장수의 역량에 달려있다. 원소는 지혜가 없고 소심하다. 아무리 땅이 넓고 양식이 풍부해도 결국 우리 차지가 될 것이다."

결과적으로, 조조의 군대는 대승을 거두었고, 이를 바탕으로 중원의 패자로 부상할 수 있었다. 주어진 문제를 긍정적으로 바라보고 그것을 해결할 수 있는 가능성을 찾아 철저히 준비한 것이 객관적인 열세를 극복하게 한 힘이 된 것이다.

왜 안 된다라고 생각하는가? 왜 할 수 없을 것이라고 생각하는가? 삶의 모든 결정권은 바로 나, 자신에게 달려있다.

---

*혜문왕(惠文王)   전국시대 조(趙)나라의 군주.
**조사(趙奢)   전국시대 조(趙)나라의 명장. 본래 세금을 거두는 하급 관리였으나 상관의 눈에 띄어 장수가 되었다. 장평전투(長平之戰)에서 진나라 백기에게 패해 전사한 조괄이 그의 아들이다.

낭떠러지 위에 나를 세워라

破釜沈舟(파부침주) - 살아 돌아오기를 기약하지 않고
결사 각오로 싸우겠다는 굳은 결의를 표현하는 말.
- 『史記』 항우본기

'합종책'하면 떠오르는 인물이 있다. 바로 춘추전국시대 여섯 나라의 재상에 오른 소진이다.

그가 아직 입신양명의 뜻을 이루지 못하던 때였다. 하루는 그가 다 해진 옷에 떨어진 신발을 신은 거지 행색으로 집에 돌아왔다. 그러자 그의 부모와 형제, 심지어 그의 아내조차 그를 무시하고 박대하였다.

'아내는 남편으로 알지 않고, 형수는 시동생으로 보지 않으며, 부모 역시 가난한 나를 모르는 체 하는구나.'

그는 눈물을 흘리며 한탄하였다.

그 후 그는 각고의 노력 끝에 일찍이 존재한 적이 없던 여섯 나라의 재상이라는 높고 숭엄한 자리에 올랐다.

그가 고향집에 들렀을 때의 일이다.

그의 행차는 왕의 행차보다 더욱 성대하였는데, 그가 집에 도착하자 그의 형제와 아내는 눈을 내리뜨고 감히 쳐다보지도 못하였다. 그들이 엎드린 채로 음식을 먹고 있자 그가 웃으며 형수를 향해 물었다.

"왜 전에는 거만하더니 지금은 공손한 것입니까?"

이에 형수가 엎드린 채 얼굴을 땅에 대고 어쩔 줄 몰라 하며 대답하였다.

"지위가 높고 부귀한 것을 보았기 때문입니다."

이 말을 들은 소진은 하늘을 우러러 탄식해마지 않았다.

'사람은 같은 사람인데 부귀해지면 친척도 두려워하고 가난해지면 부모조차 박대하는구나! 하물며 세상 사람이야 말해 무엇하리. 만약 내가 밭 두 마지기만 있었더라면 내 어찌 여섯 나라의 재상이 될 수 있었으랴!'

실로 그는 어제 아무 것도 가진 것이 없었기 때문에 오늘 그토록 성공할 수 있었던 것이다.

'와신상담(臥薪嘗膽)'이란 말이 있다. '불편한 섶(장작더미)에 몸을 뉘이고 쓴 쓸개를 맛본다'는 뜻으로, 마음먹은 일을 이루기 위해 온갖 어려움과 괴로움을 참고 견딤을 비유적으로 이르는 말이다. 소진 역시 이와 같은 일을 겪은 나머지 자신을 벼랑 끝으로 내몰았다.

우리는 너무 많은 것을 가지려고 한다. 하지만 이 사실을 알아야 한다. 가진 것이 많을수록 움직이기가 힘들다는 것을. 이런 말도 있지 않은가. '가방에 뭔가를 담으면 담을수록 떠나기가 힘들다'는.

지금 가진 것이 없나고 해서 결코 절망해신 안 된다. 오히려 그것을 기뻐하라. 그만큼 생각한 것을 행동으로 옮기기가 더 쉽고 성공할 확률 역시 그만큼 더 높기 때문이다.

꿈과 생각을 낭떠러지 위에 세워라. 이제 어디에도 도망갈 곳이 없다. 그 절박함이 우리를 성공과 행복이라는 달콤함 속으로 인도할 것이다.

"항상 원칙을 고수하되
특별한 상황에서는
유연성을 발휘하는 사람이야말로
진정 지혜로운 사람이다."

원칙을 고수하되 유연성을 갖춰라

上善若水(상선약수) – '지극히 좋은 것은 마치 물과 같다'는
뜻으로, 다투지 않고 순리 있게 살아가는 것을 말함.
– 『道德經』

흉노족은 중국 역사에서 한족을 끈질기게 괴롭힌 민족이다. 인공
위성에서 유일하게 육안으로 관찰할 수 있는 지구상 최대의 건축물
이라는 만리장성도 실은 진시황이 흉노족을 두려워해 쌓은 것이다.

항우를 물리치고 천하를 석권한 유방도 흉노족을 공격하다가 오
히려 포위를 당해 간신히 목숨만 건져 도망쳐야 했을 정도로 흉노
는 강성한 민족이었다. 특히 묵특선우 시절은 그들의 최고 전성기
였다.

묵특이 즉위했을 당시는 동호족이 매우 강성하던 때로, 묵특이
즉위했다는 소식을 들은 동호족은 사신을 보내 이것저것을 요구하
였다.

"귀국의 선왕이 탔던 천리마를 갖고 싶소."

그러자 모든 신하들이 반대하고 나섰다.

"천리마는 우리 흉노의 보배입니다. 절대로 줘서는 안 됩니다."

그러나 묵특은 "남의 나라와 이웃하고 있으면서 어찌 말 한 마리를 아낄 수 있겠는가?"라며 천리마를 선뜻 내어주었다.

얼마 후 동호족은 다시 사신을 보내 "묵특선우의 아내 중 한 명을 보내라"고 요구하였다. 그러자 신하들이 다시 벌떼처럼 들고 일어났다.

"동호족이 지나치게 무례하여 이제 후궁까지 요구하고 있습니다. 단연코 그 제의를 묵살하고 거만하기 짝이 없는 그들을 쳐서 다시는 그런 무례함이 없도록 해야 할 것입니다."

하지만 묵특은 "남의 나라와 이웃하면서 어찌 한 여자를 아끼겠는가?"라며 이번에도 흔쾌히 동호족의 말을 들어주었다.

그러자 더욱 교만해진 동호족은 얼마 후 서쪽 국경을 쳐들어와 접경지대 땅 천여 리를 줄 것을 요구하였다. 사실 그 땅은 쓸모도 없이 버려진 땅으로 사람이 살지 않은 황무지에 불과하였다.

묵특이 신하들을 모아놓고 어떻게 하면 좋겠느냐고 묻자 몇몇 신하들이 다음과 같이 말하였다.

"그 땅은 어차피 버려진 땅입니다. 그런 땅을 아낄 필요는 없다고 봅니다."

그러나 뜻밖에도 묵특은 이제까지와는 전혀 다른 태도를 보였다.

"땅은 나라의 근본이다. 어찌 그 땅을 줄 수 있다는 말인가?"

그러면서 땅을 줘야한다고 말한 신하들을 모조리 처형시켜 버렸다. 그리고는 말에 올라 명령을 내렸다.

"만약 뒤처진 자가 있으면 모두 베어 죽이겠다."

그리고는 곧바로 기습 공격에 나섰다. 이때 동호족은 흉노를 가볍게 생각하여 전혀 방비를 하지 않고 있다가 묵특이 이끄는 흉노 전사들에 의해 크게 패하고 왕까지 사로잡혀 죽고 말았다.

이 묵특이야 말로 뒷날 흉노를 쳐들어온 한고조 유방의 대군을 대파하고, 유방으로 하여금 치욕스러운 후퇴를 하게 만들었던 흉노의 영걸이었다.

원칙과 유연성을 어떻게 적절하게 구사하느냐는 사실 대단히 어려운 일이다. 때문에 이를 효과적으로 해결할 수 있는 사람이야말로 진정한 현자이며, 승자가 될 자격을 충분히 가진 사람이라고 할 수 있다.

그러나 원칙상으로는 반드시 그렇게 해야 하지만, 상황을 고려할 때 원칙대로 하면 곤란한 경우가 있다. 그럴 때 필요한 것이 바로 '유연성'이다. 이때는 유연성을 발휘해야 한다. 그러나 유연성을 발휘하되 원칙을 잊어선 안 된다.

원칙은 기본이며, 유연성은 상황을 판단하는 해결책이다. 따라서 항상 원칙을 고수하되 특별한 상황에서는 유연성을 발휘하는 사람이야말로 진정 지혜로운 사람이다.

*묵특선우(墨特單于) _ 흉노제국의 창시자로 대 정복 군주였다. '묵특'은 사람 이름이고, '선우'는 '천자'라는 뜻으로, 흉노족의 황제를 가리킨다. 워낙 오래전 인물이라 잘 알려져 있지 않으나, 중원을 통일한 한고조 유방의 32만 대군을 포위하고 한나라를 신하의 나라로 만들었다고 전한다. '선우묵특'이라고도 한다.

숫자의 많고 적음이
승부를 결정짓는 것은 아니다

孤軍奮鬪(고군분투) – '수가 적고 후원없는 외로운 군대가
힘겨운 적과 싸운다'는 뜻으로, 남의 도움없이 힘에 벅찬
일을 잘 해내는 것을 말함. - 『三國志』 위서

한나라를 붕괴시켰던 왕망 정권을 무너뜨리고 후한을 세운 광무
제 유수(劉秀)는 중국 역사상 가장 적은 수의 군대로 최대의 적을
격파한 것으로 유명하다.

왕망이 한나라를 멸망시키자 각지에서 그에 반대하는 반란이 잇
따랐다. 이에 왕망은 백만 군사를 동원하여 진압에 나섰다.

그는 군대의 이름을 '호랑이 이빨과 같은 강력한 군대'라는 뜻으
로 '호아오위병(虎牙伍威兵)'이라고 불렀으며, 나라 안에서 내로라하
는 병법의 대가 63가(家)가 총출동하였다. 거기에 신장이 열 자, 허
리 굵기가 열 아름이나 되는 거인 거무패(巨無霸)를 장군으로 삼았
다. 그가 얼마나 컸던지 작은 수레는 탈 수 없었고, 세 필의 말로도

견디지 못했으며, 잘 때는 북을 베개로 삼고, 음식을 먹을 때는 쇠젓가락을 써야 할 정도였다. 또 범, 표범, 물소, 코끼리 등의 맹수를 몰아 온갖 위엄을 자랑하였다.

특히 백만 명이나 되는 군대가 출정하자 그 행렬은 천 리까지 뻗었으며, 그들이 내뿜는 함성과 흙먼지는 온 세상을 진동시켰다. 이 장관에 반란군은 그만 겁을 먹고 모두 곤양성으로 도망치고 말았다. 이에 왕망의 군대는 곤양성을 수십 겹으로 포위한 채 세찬 공격을 퍼부었다.

비 오듯이 쏟아지는 화살 때문에 성 안의 백성들은 물을 길러 다닐 때도 문짝을 지고 다녀야 했다. 또한 전차가 마구 성벽을 부숴댔기 때문에, 성은 그야말로 백척간두의 위기에 몰렸다.

그때 왕망의 진영에 뜻하지 않은 문제가 일어났다. 바로 63개 파의 병법 대가들이 서로 묘안을 내놓고 자신의 주장이 옳다며 핏대를 올린 것이다. 결국 왕망의 대군은 63개 파로 갈기갈기 찢어지고 말았다.

이 틈에 뒷날 한나라를 재건한 유수가 눈부신 활약을 펼친다. 그는 불과 열세 명의 부하들을 데리고 곤양성을 빠져나가 단번에 보병과 기병 삼천여 명을 모집해 돌아왔다. 그리고는 몸소 선두에 서서 왕망의 군대를 공격하였다. 백만 대군을 겨우 삼천 명으로 공격하다니 실로 기가 막힐 일이 일어난 것이다.

원래 유수는 신중하다 못해 겁이 많은 인물로 알려져 있었다. 그러던 그가 군사를 이끌고 직접 선두에 나서는 모습을 본 반란군은

"평소에 그토록 신중하던 유수가 저렇게 돌격하는 것을 보니 분명 성 밖에 많은 병사들을 불러온 게 틀림없다. 이기는 것이 확실하지 않다면 굳이 그가 나설 이유가 없지 않은가!"라며 지레 겁을 먹기 시작하였다.

이렇게 해서 백만 대군을 삼천 명이 기습 공격하는 기이한 상황이 벌어졌다.

이미 지휘 계통이 무너진 왕망의 군사들은 오합지졸이나 마찬가지였다. 그들은 갈팡질팡하다가 이러지도 못하고 저러지도 못한 채 죽음을 맞고 말았다.

그렇게 해서 역사상 최소의 군대로 최대의 군대를 격파한 '곤양대전'은 막을 내렸고, 왕망 정권은 불과 15년 만에 멸망하고 말았다.

큰 소리를 지르는 것은 두렵기 때문이다. 자신이 약하기 때문에 허장성세를 부리는 것이다. 이는 마치 코브라가 자기 몸을 부풀려 위협하는 것과 같은 이치이다.

지도자가 상장이나 상금을 남발하는 것 역시 궁지에 몰렸기 때문이라고 할 수 있다. 자신의 편을 더 많이 만들기 위한 방편으로 상을 주거나 상금을 남발하는 것이다.

그렇게 하면 일시적으로는 자신의 편을 더 많이 만들 수는 있다.

하지만 그들은 오합지졸에 불과하며 결정적인 순간 고개를 돌리고 말 것이다.

숫자에 민감해서는 안 된다. 무엇이 옳고 그른지, 승부를 결정하는 것은 숫자의 많고 적음이 아니다. 바로 그 사람의 가슴에서 나오는 진심과 사람을 대하는 태도야 말로 승부를 결정짓는 가장 중요한 요소임을 결코 잊어서는 안 된다.

*광무제 유수(劉秀) _ 중국 후한의 초대 황제. 한고조 유방의 9세손으로, 중국 역사상 가장 많은 전투를 치른 것으로 알려져 있다.
**왕망(王莽) _ 중국 전한(前漢) 말의 정치가이자 신(新) 왕조(8c~24c)의 황제. 갖가지 권모술수를 써서 전한의 황제 권력을 찬탈하였다. 이상적인 나라를 세우기 위해 개혁정책을 펼친 인물로 평가되기도 하지만 '찬탈자'로 이름이 더 높다.

돌아가는 것이 빠를 때도 있다

高岸深谷(고안심곡) - '높은 언덕이 골짜기가 된다'는 뜻으로,
세상 모든 것이 변한다는 말.
－『淮南子』인간훈

하늘의 뜻은 참으로 예측하기 어렵다. 시련을 주는가 하면 곧이어 영광이 따라오기도 하고, 영광을 주는가 하면 곧바로 시련이 닥쳐오기도 한다. 누구도 이를 비켜갈 수 없다.

역경에 처했을 때는 모든 것이 좋은 약이 되어 절조나 행동이 자기도 모르는 사이에 닦아진다. 반면, 순조로울 때에는 눈앞의 모든 것들이 흉기로 변하여 몸의 모든 기운이 빠져나가도 미처 깨닫지 못한다.

오랫동안 웅크리고 앉아 힘을 모으고 있던 새는 한 번 날기 시작하면 하늘 높이 날아오른다.

이러한 이치만 터득하고 있다면 도중에 지쳐서 주저앉을 염려도 없고 일을 빨리 이루려고 안달하는 경우도 없을 것이다.

세상은 항상 변하는 법이다. 자연도 언제나 변하고 사회도 변하며, 유행도 변한다. 그리고 우리 인간들의 생각과 상황도 항상 변한다. 따라서 오늘의 실패가 반드시 내일의 실패로 연결되는 것은 아니라는 사실을 알아야 한다.

한 번의 실패에 주저앉지 마라. 지름길대신 조금 돌아가는 길을 택했을 뿐이다. 여유로운 마음으로 차근차근 길을 가다보면 언젠가는 목적지에 도달할 것이다.

때로는 우회하는 것이 곧바로 가는 것보다 빠를 때가 의외로 많다. 『손자병법』에 다음과 같은 이야기가 있다.

형클어진 실타래를 무조건 풀려고 애쓰지 마라. 자칫 급하게 마음을 먹어 그 실타래를 빨리 풀려고 서두르다 보면 오히려 엉켜버려 완전히 속수무책이 될 수도 있다.

쓴 것이 다하면 단 것이 온다

苦盡甘來(고진감래) – '쓴 것이 다하면 단 것이 온다'는 뜻으로,
고생 끝에 낙이 온다는 말.
– 『論語』

『사기』를 지은 사마천은 황제에게 간언하다가 황제의 미움을 받아 궁형(宮刑, 거세형)이라는 끔찍한 형벌을 받아야 했다.

당시 궁형은 가장 치욕적인 형벌로 여겨졌다. 때문에 궁형을 받느니 차라리 사형을 택하는 이들이 많았다.

사마천이라고 해서 그것을 생각하지 않았을 리 없다. 하지만 그는 궁형을 받는 치욕 속에서 끝내 살아남았다. 바로 아버지의 유언이자 자신의 필생의 작업이었던 『사기』를 완성하기 위해서였다.

사마천은 궁형을 받은 그 치욕을 다음과 같이 묘사하였다.

"백세의 세월이 흐른다 해도 이 쓰라린 치욕은 잊혀지지 않을 것이다.

지금도 그것을 생각하면 하루에도 아홉 번 장이 뒤집히고, 집안에 있으면 망연자실하여 무엇을 잃은 듯 하며, 길을 걷고 있어도 어디로 가야 할지 모를 지경이다. 그 치욕을 생각할 때마다 식은땀이 등줄기를 타고 흘러내려 옷을 적시지 않은 적이 없다."

그는 '임안(任安)에게 보내는 편지'에서 자신이 왜 궁형이라는 치욕을 견디면서까지 살아남아야 했는지 가슴 저미는 심정을 밝히기도 했다.

"가령, 내가 억울한 죄로 사형에 처해진다고 해도 천하를 다스리는 황제의 눈에는 기껏해야 아홉 마리 소 가운데 털 오라기 하나 없어지는 것과 마찬가지일 따름입니다(구우일모, 九牛一毛라는 고사성어가 여기에서 유래하였다). 그리고 세간 사람들에게도 절의를 위해 죽은 것이 아닌 그저 지혜가 모자라고 죄과가 겹쳐 사형에 처해진 것으로 보일 것입니다. 그럴 경우 저와 같은 존재란 땅강아지나 개미와 같은 미물과 무엇이 다르겠습니까?

인간이란 태어나 어차피 한 번은 죽게 마련입니다. 그러나 그 죽음 가운데는 태산보다 무거운 것이 있는가 하면, 어떤 죽음은 기러기 털보다도 더 가볍습니다. 어떻게 죽느냐가 문제인 것이지요.

고서(古書)에 '형벌은 사대부에까지 이르지 않는다'라는 말이 있습니다. 이는 사대부의 체면을 살리기 위한 것입니다.

백수의 왕인 호랑이도 일단 우리 속에 갇히게 되면 꼬리를 흔들며 먹이를 구걸하게 됩니다. 협박당하고 고통을 받은 결과가 그러한 변화를 가져다주는 것입니다.

손발을 묶이고 벌거벗겨져 채찍을 맞고 감옥에 처박히게 되면 옥리만 보더라도 머리를 땅에 박고 옥리 밑에 있는 천민이나 잡역부만 봐도 겁에 질리게 되어 있습니다. 그런 때 오히려 자기가 기개를 세울 수 있다고 자부할 수 있는 사람은 실상을 모르는 것입니다.

이웃 나라까지 그 명성이 쟁쟁한 왕후장상이 느닷없이 생각하지도 못한 죄를 뒤집어쓰고 깨끗이 자결하지도 못한 채 그 몸을 욕보이는 것은 고금에 걸쳐 그 예가 적지 않습니다. 모든 명예를 다 버린 것에 있어서는 저와 다름없겠지요. 때문에 용기가 있다거나 비겁하다는 것도 사실 상황의 산물에 지나지 않습니다.

옛부터 사대부에게 형벌을 내리지 않았던 것은 실로 그 때문이었다고 생각합니다.

죽음을 두려워하고 부모처자를 걱정하는 것은 인지상정입니다. 저는 불행히도 조실부모하고 형제조차 없이 외롭게 살아왔습니다. 그런 제가 새삼스럽게 부모와 처자 때문에 살고자 했다고는 누구도 생각하지 않을 것입니다

저는 생명을 아까워하는 비겁한 자에 불과하지만 거취만은 분명하게 하고자 했습니다. 어찌 치욕을 모르고 죄인 노릇만 하고 있겠습니까. 천한 노예와 하녀조차도 자결할 수 있습니다. 저 또한 그렇게 하려고 했다면 언제든지 할 수 있었습니다. 그러나 그 고통과 굴욕을 참아내며 구차하게 삶을 이어가는 까닭은 가슴 속에 품고 있는 숙원이 있어 비루하게

세상에서 사라질 경우 후세에 문장(文章)을 전하지 못함을 안타깝게 여겼기 때문입니다.

옛부터 부귀하게 살았지만 그 이름이 흔적조차 없어진 사람은 무수히 많습니다. 오직 어디에도 얽매이지 않으면서 탁월한 인물만이 후세에 그 명성을 드날리는 것입니다.

주나라 문왕은 갇힌 몸이 되어 『주역』을 발전시켰고, 공자는 어려운 처지에 있을 때 『춘추』를 지었습니다. 그리고 굴원은 추방된 후에 『이소』를 지었습니다. 또한 좌구명(左丘明)은 눈이 멀게 된 후에 『국어』를 저술하였고, 손빈은 다리를 잘리고 나서 『손자병법』을 편찬했습니다. 여불위는 촉나라에 유배된 뒤에 『여씨춘추』를 세상에 남겼고, 한비자는 진나라에 억류되어 있을 때 『세난』과 『고분』의 글을 썼습니다.

그렇게 볼 때 인간이란 가슴에 맺힌 한을 토로할 수 없을 때 옛날 일들을 글로 엮고 미래에 희망을 갖기 위해 명저(名著)를 남기게 되는 것이 아닌가 합니다. 예를 들어 좌구명이나 손빈은 시력을 잃거나 다리가 잘려서 이미 세상에서 쓸모없는 사람처럼 되었지만 붓에 모든 힘을 기울여 자신들의 맺힌 한을 문장으로 남긴 것이라 하겠습니다.”

하지만 사마천에게 있어 운명의 장난은 계속되었다. 자신에게 궁형이라는 치욕을 안겨준 장본인인 한무제(漢武帝)의 총애를 받아 환관으로 생활하게 된 것이다. 그로서는 하늘을 우러러 탄식하지 않을 수 없는 일이었다.

만일 그가 궁형의 치욕을 견디지 못하고 그냥 목숨을 끊었다면 어떻게 되었을까? 당연히 『사기』란 책은 세상에 존재하지 않았을 것이며, 사마천이란 이름 역시 그 누구도 기억하지 못할 것이다. 무엇보다도 그의 사무친 원통함은 그저 개인적인 차원으로 머문 채 끝나고 말았을 것이다.

온갖 고통과 좌절을 겪으면서도 생전에는 한 치의 명예도 얻지 못한 채 죽고 난 뒤에야 비로소 사람들로부터 인정을 받게 된 것은 또 무슨 운명의 장난이란 말인가.

아마 사마천이 살아 있다면 이렇게 말하지 않았을까.

"세상사처럼 뜻대로 되지 않는 것도 없다."

상처입은 조개가 진주를 만들듯, 세상의 무수한 성공 뒤에는 수많은 역경과 고난, 땀, 눈물이 존재한다. 성공이 아름다운 이유는 아마 이 때문일 것이다.

성공한 사람들을 향해 흔쾌히 박수를 보내는 이유도 그와 마찬가지이다. 그들은 자신에게 주어진 역경에 굴복하지 않고 그 역경을 새로운 출발의 계기로 삼았다.

하지만 지금 우리는 어떤가. 잠시의 고난 앞에서 너무도 쉽게 뭔가를 포기하고 방황하고 있진 않는가. 나아가 그런 것들을 너무도 당연하게 받아들이고 있진 않는가.

살면서 누구나 한두번은 넘어지게 마련이다. 이때 어떤 사람들은 쉽게 일어서서 다시 시작하는 반면, 어떤 사람들은 그 자리에서 아예 멈춰버린다.

아무리 천부적인 재능을 타고 난 사람도 성실하게 노력하는 사람을 당해낼 수는 없다. 성공은 능력이 있는 게으른 자의 편이 아니라 성실하게 노력하는 사람의 편이기 때문이다. 고난과 역경이라는 쓴 잔을 마셔 본 사람만이 성공의 참맛을 느낄 수 있다.

세상에 극복하지 못할 일은 없다.

*사마천(司馬遷) _ 중국 전한시대의 역사가. 성은 사마(司馬)이고, 이름은 천(遷)이다. 아버지 사마담(司馬談)의 관직이었던 태사령(太史令)의 벼슬을 물려받아 태사령으로 복무하였다. 그러나 이릉사건에 연루되어, 이릉을 변호하다 당시 황제인 한무제의 노여움을 사서 궁형을 받게 된다. 『사기』의 저자로 동양 최고의 역사가 중 한 명으로 꼽히며, 중국 '역사의 아버지'로 불린다.

승부를 걸어야 할 땐
지체없이 승부를 걸어라

奇貨可居(기화가거) - '진기한 물건을 사서 잘 보관해 두면 뒤에
큰 이익을 본다'는 뜻으로, 좋은 기회를 놓치지 말라는 말.
- 『史記』 여불위전

여불위라는 사람이 있었다. 그는 일개 상인에 불과했지만 승부를
즐길 줄 아는 진정한 승부사였으며, 진시황의 시대를 열게 만든 장
본인이었다.

전국시대 한(韓)나라 양책 지방의 상인이었던 그는 여러 나라를
오가며 값이 쌀 때 물건을 사놓았다가 비쌀 때 파는 방법으로 많은
재산을 모았다.

진나라는 소왕 40년, 태자가 죽고 2년 후 차남인 안국군이 태자
가 되었다. 안국군에게는 스무 명의 아들이 있었지만 정작 총애를
받고 있던 화양부인에게는 아들이 없었다.

스무 명의 아들 가운데 자초라는 왕자가 있었다. 그러나 그의 생

모인 하희는 안국군의 사랑을 받지 못했다.

그러던 어느 날 자초는 조나라에 인질로 보내졌다. 하지만 진나라가 조나라를 자주 공격하였으므로 갈수록 냉대를 받아야 했다.

그 무렵 장사 때문에 조나라의 수도 한단에 머물고 있던 여불위는 그곳에서 자초와 운명적인 만남을 갖게 된다.

그는 자초를 본 순간 '이것은 기화(奇貨)이다. 일단 구해놓고 보자! 기화가거(奇貨可居)라고 하지 않던가'라는 생각을 하였다.

여불위가 큰 절을 하며 자초를 향하여 말하였다.

"이제부터 제가 공자님의 대문을 크게 해드리겠습니다."

그러자 자초가 힘없이 웃음을 지으며 말하였다.

"먼저 당신의 대문을 크게 만들고 나서 나의 대문을 크게 할 수 있는 것이겠지요."

그러자 여불위가 다시 다음과 같이 말하였다.

"저의 대문은 공자의 대문이 커지는 것을 기다려야 합니다."

이에 자초는 여불위의 뜻을 알아채고 즉시 안방으로 불러들여 깊은 이야기를 나누었다. 그러자 여불위가 가슴속에 담아두었던 얘기를 비로소 꺼내놓기 시작하였다.

"지금 진나라 왕은 나이가 많고, 공자님의 아버님인 안국군은 태자로 있습니다. 또 안국군은 화양부인을 총애하고 있는데 그 부인에게는 후사가 없습니다. 하지만 후계를 정하는 데 있어 화양부인의 힘이 크게 작용할 것이 틀림없습니다. 공자는 스무 명의 형제 중 중간쯤 태어나신 분으로 아버님의 관심도 별로 받지 못한 채 이렇게 오랫동안 외국에서 인질 생활을 하고 계십니다. 안국군이 왕위에 오르게 되면 당연히 후계를 정해야 합니다. 그렇다면 항상 옆에 있는 큰 형님이나 다른 형제들에 비해 공자께서 불리한 것이 틀림없습니다."

"그렇습니다. 어떻게 좋은 방도가 있겠습니까?"

"공자께서는 경제적 여유도 없으며, 아버님에 대한 선물은 고사하고 찾아오는 손님들과 교제하는 일도 없습니다. 저 역시 별로 여유는 없습니다만, 이제부터 제가 가지고 있는 전 재산을 던져서라도 안국군과 화양부인께서 공자를 후계자로 삼도록 만들겠습니다."

여불위의 말에 자초는 머리를 깊이 숙였다.

"잘 부탁드립니다. 성공하면 진나라의 반을 드리겠습니다."

얼마 후 여불위는 5백금을 자초에게 교제비로 주고, 나머지 5백금으로 조나라의 진귀한 물건들을 사서 진나라로 들어갔다.

그는 즉시 화양부인을 가장 잘 움직일 수 있는 화양부인의 언니를 만났다. 실상 그 언니는 여불위가 이전부터 몇 번 장사 관계로 만나 선물을 바쳤던 사람이었다. 여불위가 처음에 자초를 기화로 판단한 것도 그러한 관계를 잘 활용하면 승산이 있다고 여겼기 때문이다.

여불위는 선물로 가져온 물건을 모두 바치면서 넌지시 그녀를 떠보았다.

"지금 진나라에 계신 자초 왕자님은 각국의 유명 인사들과 널리 접촉하여 그 명성이 날로 높아지고 있습니다. 그 분은 항상 '화양부인을 하늘처럼 존경한다. 아버님과 부인을 사모하여 밤낮으로 눈물을 흘린다'고 말씀하십니다."

그 말을 들은 화양부인의 언니는 매우 기분이 좋았다. 여불위는 그 틈을 놓치지 않고 화양부인께 다음과 같이 말씀드리라고 일러두었다.

"옛말에 '색으로 남을 섬기는 자는 색이 쇠하면 사랑도 잃게 된다'고 하였습니다. 지금 당신은 태자의 사랑을 한 몸에 받고 있지만 애석하게도 후사가 없습니다. 그러니 이제부터라도 총명하고 효심이 두터운 분을 골라 태자의 후계를 정하고 그를 양자로 삼아야 합니다. 그렇게 해야 태자가 살아계실 때는 물론이고 혹시 태자에게 만일의 일이 생기더라도 양자가 왕위에 오르기 때문에 권세를 잃지 않고 살아갈 수 있습니다. 젊을 때 발판을 튼튼히 해둬야 합니다. 색향(色香)이 쇠하고 총애를 잃은 뒤에는 때가 늦습니다. 자초는 총명한 분입니다. 그는 형제들의 순서로 보아도 그렇고, 생모의 순위로 보더라도 자신이 후계자가 되리라고는 전혀 생각지 않을 것이므로 당신을 끝까지 섬길 것입니다. 자초를 후계자로 정해놓으면 당신은 평생 편안하게 살 수 있을 것입니다."

얼마 후 언니로부터 이 말을 전해들은 화양부인은 고개를 끄덕였다. 그리고 즉시 안국군에게 달려가 자초가 총명하며, 또 그와 교제하고 있는 많은 제후들이 얼마나 그를 칭찬하고 있는지 자세히 설명하였다.

"저는 태자님의 사랑을 한 몸에 받고 있지만 아들이 없습니다. 바라옵건대, 자초를 후계자로 정하여 저의 장래를 맡길 수 있도록 해 주십시오."

이에 안국군은 그 청을 받아들였다.

이후 안국군과 화양부인은 자초에게 많은 돈을 보냈고, 여불위에게도 자초를 잘 돌봐줄 것을 부탁하였다. 그러자 자초는 급속도로 여러 나라의 관심을 끌기 시작했다.

한편, 당시 여불위는 미모가 뛰어난 무희들을 항상 집에 들여놓고 있었는데, 어느 날 자초가 그 중 한 무희를 보고 한 눈에 반한 나머지 자신에게 달라고 청하였다.

여불위는 당황하였다. 그도 그럴 것이 그 무희는 자신의 애첩이었으며 이미 아이까지 임신하고 있었기 때문이었다. 그러나 그 요청을 거절하면 지금까지 전 재산을 던져 투자한 것이 물거품이 되어버리고 말 일이었다.

'자초는 귀한 보물이다! 큰일을 앞두고 있으니 작은 일은 양보하자.'

여불위는 두 눈을 꼭 감고 그녀를 보내면서 자초에게 말하였다.

"이 여인이 상차 금란(金卵)을 낳아줄 것입니다."

그렇게 해서 그녀는 임신한 사실을 숨긴 채 자초에게 다시 시집을 갔다.

얼마 후 그녀는 사내아이를 낳았는데 그 아이가 바로 천하를 통일한 진시황이다.

살다보면 승부를 걸어야 할 때가 반드시 온다. 그러나 많은 사람들이 그 천재일우의 기회를 머뭇거리다가 놓치고 만다.

천하가 태평할 때라면 성실한 사람이 필요하고 그런 사람에게 어느 한 분야를 맡겨도 큰 무리가 없다. 그러나 어려운 문제에 봉착하였다든가 긴급한 위기에 직면하였을 때 그것을 타개해야 할 경우에는 절대 상식인(常識人)을 기용해서는 안 된다. 상식인은 지키는 데는 능하지만 위기를 극복하거나 난제를 해결하기엔 부족한 면이 많다.

마찬가지로, 인생을 멋있게 살아볼 생각이라면 자신이 하고자 하는 일에 승부를 걸어봐야 한다.

머뭇거리면 오히려 당한다. 쓰러지고 나서 비로소 멈춰라!

---

*장양왕(莊襄王) 자초 _ 진(秦)나라의 왕. 초명은 영이인(嬴異人)이었지만, 초나라 출신의 화양부인의 양자가 된 후 초나라의 자손이라는 뜻의 자초(子楚)로 개명하였다. 진(秦) 시황제(始皇帝)의 아버지이다.

**여불위(呂不韋) _ 진(秦)나라의 정치가. 장양왕 때 승상이 되었고 이후 최고의 상국(相國)이 되었으나 태후의 간통사건에 연루되어 자살하였다. 전국 말기의 귀중한 사료인 『여씨춘추』를 편찬하였으며, 진(秦) 시황제(始皇帝)의 친부(親父)이다.

***효문왕(孝文王) 안국군 _ 진(秦)나라의 왕으로, 즉위 전의 칭호는 안국군(安國君)이다.

****화양태후(華陽太后) 화양부인 _ 효문왕 안국군의 정부인.

안개 속을 걷다보면
자기도 모르게 옷이 젖는다

麻中之蓬(마중지봉) – '삼밭에서 나는 쑥'이란 뜻으로, 사람도
주위 환경에 따라 충분히 달라질 수 있음을 나타내는 말.

-『荀子』권학편

군자는 언제나 올바른 정도를 지키고 덕을 쌓아 스스로의 가치를 높이면서 때를 기다려야 한다. 무엇보다도 우선 각자의 자리에서 주어진 책임을 완수해야 한다. 아무리 하찮게 보이는 일이라도 불평불만을 하지 않고 성실하게 그 책임을 다해야 한다. 항상 그런 자세로 임하면 언센가는 반드시 인정을 받을 때가 온다. 새로운 전망이 열리는 것이다.

'안개 속을 걸으면 자기도 모르게 옷이 젖는다. 좋은 사람을 가까이 하면 자기도 모르게 좋은 사람이 된다는 뜻이다. 일종의 '벤치마킹'인 셈이다.

친구를 보면 그 사람의 됨됨이를 알 수 있다는 말이 있다. 좋은 친구를 사귀게 되면 마치 난초꽃이 만발한 방 안에 있는 것과 같아서 자연히 향긋한 향기가 풍겨 나오게 된다. 반대로 별 볼 일 없는 사람을 사귀게 되면 흡사 썩은 고기냄새처럼 비린내가 코를 찌른다. 따라서 군자는 교제할 상대를 신중하게 선택하지 않으면 안 된다. 공자도 '자기보다 못한 사람을 친구로 삼지 말라'고 하였다.

하지만 다른 사람의 미(美)를 빼앗아선 안 된다. 상대방의 지혜를 받아들이면서 정작 그 장본인을 무시하는 것은 옛 성인들도 큰 수치로 여겼다. 아무리 조그만 의견일지라도 남으로부터 빌려온 것은 반드시 그 취지를 밝혀야 한다. 또 다른 사람의 미를 훔쳐 자기의 것인 양 꾸며서는 안 된다.

이상적인 철학자는 여성의 아름다움을 이해하지만 예의를 잃지 않고, 인생을 사랑하되 스스로 절도가 있으며, 세상의 성공과 실패가 모두 허망함을 깨닫고 속세를 초월하고 달관하고 있으나 속세를 결코 무시하지 않는 법이다.

목표를 이루기 위해서라면 '과정'쯤은 무시해도 괜찮다고 생각하는 사람들이 간혹 있다. 맞다. 그들은 결과론자들이다.

많은 사람들이 과정이 중요하다고 말한다. 하지만 결과가 좋지 않을 경우 이 말은 결코 성립되지 않는다. 결과가 좋아야만 과정을 존중하고 중요하게 여기기 때문이다.

만약, 당신이 성공했다고 치자. 하지만 거기까지 이르는 과정 중 다른 사람의 마음을 아프게 하고 나아가 당신의 마음을 괴롭히는 일이 있다면, 과연 당신은 진정으로 행복할 수 있을까?

철면피가 아닌 다음에야 함부로 웃고 마냥 기뻐할 수는 없을 것이다.

그렇다. 결과는 껍데기에 불과하다. 결과란 과정 그 자체가 주는 보상이라는 사실을 명심해야 한다.

"사람의 마음을 사로잡으려면
어떻게 해야 할까.
몸을 굽혀 지극한 정성과 자애를
베풀 줄 알아야 한다."

사람의 마음을 사로잡아라

嚙疽之仁(연저지인) − '장수가 부하의 종기를 입으로 빨아서
고쳐 나았다'란 뜻으로, 부하를 지극히 사랑함을 말함.
−『史記』 오기열전

맹상군의 식객 중 그의 애첩과 몰래 정을 통하고 있던 자가 있었다. 그 사실을 알고 있던 식객 한 사람이 맹상군에게 다음과 같이 고하였다.

"식객의 신분으로 주인의 여자와 관계하다니 세상에 이럴 수가 있습니까? 어서 없애버리십시오."

그러자 맹상군이 웃으면서 이렇게 말하였다.

"괜찮소. 남자란 원래 아름다운 미인에게 빠지게 되어 있지 않소? 그냥 눈감아주시오."

며칠 후 맹상군은 자기 애첩과 정을 통하고 있던 식객을 불렀다.

"내가 이제껏 이렇다 할 벼슬자리도 주지 못해 대단히 미안하오.

그런데 웬만한 벼슬은 그대가 만족해 할 것 같지 않소이다. 내가 위나라 왕과 친밀한 사이인데 여비를 마련해줄 터이니 위나라 왕에게 찾아가 벼슬할 생각은 없소? 내가 손을 써주리다."

그리하여 그 식객은 위나라로 건너가 높은 벼슬을 하게 되었다. 그 후 위나라와 제나라의 관계가 악화되어 위나라가 제나라를 공격하려 하자, 그 식객이 위나라 왕에게 말하였다.

"전하, 제가 오늘날 전하를 모실 수 있었던 것은 오직 맹상군께서 보잘 것 없는 저를 추천해주었기 때문입니다. 위나라와 제나라는 원래부터 자자손손 끝까지 서로 창을 마주하는 일이 없을 것이라고 맹세한 형제의 나라입니다. 그런데 어찌 제나라를 공격하여 선왕(先王)들의 맹세를 깨고 또 맹상군과의 신뢰에 금이 가게 하십니까? 바라옵건대 제나라를 공격을 하지 마십시오. 만약 강행하시려 한다면 저는 이 자리에서 목숨을 끊고 피를 뿌리겠나이다."

이에 위나라 왕은 제나라 공격을 단념해야 했다. 이 소식을 들은 제나라 사람들은 크게 기뻐하며 맹상군의 지혜와 사람됨을 칭송하였다.

한편 맹상군이 제나라 재상이 되자 그의 사인(舍人) 위자(魏子)가 세금을 징수하는 일을 담당하였다. 그러나 세금을 징수하기 위해 세 차례나 다녀왔지만 한 푼의 돈도 가져오지 않았다. 맹상군이 그 까닭을 물으니 그가 다음과 같이 대답하였다.

"어떤 현명한 분이 계시기에 그에게 빌려주었습니다. 그래서 세금을 가져오지 못했습니다."

그러자 맹상군은 크게 화를 내면서 그를 면직시켰다.

몇 년 후 어떤 사람이 제나라 민왕에게 맹상군을 비방하였다.

"맹상군이 반란을 꿈꾸고 있다고 하옵니다."

때마침 전갑(田甲)이라는 자가 반란을 일으키자 민왕은 맹상군의 조종 하에 일어나지 않았는지 의심하기에 이르렀다. 이에 맹상군은 피신할 수밖에 없었다. 이때 전에 위자가 세금을 빌려주었던 그 현명한 자가 이 소문을 듣고 민왕에게 글을 올렸다.

"맹상군께서는 결코 반란을 일으킬 분이 아닙니다. 제 목숨을 걸고 맹세하겠습니다."

그리고는 궁궐 문 앞에서 스스로 목을 찔러 죽고 말았다.

민왕이 크게 놀라 사실을 조사해보니 과연 맹상군이 반란을 꾸민 흔적은 전혀 없었다. 그래서 맹상군을 다시 불렀지만 맹상군은 병을 핑계로 벼슬을 내놓고 고향 설 땅으로 돌아가겠다고 청하였다. 이에 민왕은 이를 허락할 수밖에 없었다.

사람의 마음을 사로잡으려면 어떻게 해야 할까. 몸을 굽혀 지극한 정성과 자애를 베풀 줄 알아야 한다. 전국시대 유명한 전략가이자 명장인 오기의 이야기가 그 해답을 제시한다.

그는 언제나 가장 낮은 병사와 똑같은 옷을 입고 똑같은 음식을 먹었다. 잘 때도 자리를 깔지 않았으며 행군할 때도 마차에 타지 않았다. 또 자신의 식량은 자신이 직접 가지고 다녔다. 그는 항상 병사들과 함께 있었으며 고락을 같이 했다.

어느 날 병사 한 명이 종기가 나서 몹시 괴로워하자, 오기는 종기의 고름을 손수 입으로 빨아내었다. 이것을 안 병사의 어머니는 슬프게 통곡해마지 않았다. 그러자 어떤 사람이 괴이하게 생각하여 물었다.

"당신의 아들은 일개 병사에 지나지 않는데 장군이 직접 고름을 빨아주셨습니다. 그런데 어찌 우는 것입니까?"

이에 병사의 어머니가 한숨을 내쉬며 말하였다.

"바로 작년에 오기 장군께서 그 애 아버지의 종기 고름을 빨아주셨습니다. 그 후 전쟁에 나가 장군의 은혜에 보답하기 위하여 끝까지 적에게 등을 보이지 않고 싸우다 죽고 말았습니다. 그런데 이번에는 제 아들의 종기를 빨아주셨습니다. 이제 그 아이의 운명은 뻔한 것입니다. 그래서 이렇게 슬피 우는 것입니다."

---

*오기(鳴起) _ 『오자병법』의 저자로, 전국시대 병법가이자 전투의 달인. 총 천투 전적은 76전 64승 12무로 한 번도 진적이 없다. 춘추시대 오나라의 손자와 비견되는 인물.

마음속의 적을 깨뜨려라

破山中敵易 破心中敵難(파산중적이 파심중적난) – '산 속의 적보다
마음 속의 적을 없애기가 더 어렵다'는 뜻으로,
마음 다스리기의 어려움을 말함. – 『陽明全書』

화복(禍福)에는 문이 없다. 자기 자신이 불러오는 것이기 때문이다. 행복이란 구한다고 해서 구해지는 것이 아니다. 즐거운 마음을 키움으로써 비로소 행복을 만드는 근본으로 삼을 뿐이다.

예로부터 자신의 마음을 다잡는 것이 가장 어렵다고 하였다. 이를테면, 스포츠 스타들에게 "누가 가장 큰 라이벌이냐?"고 물으면 그들은 한결같이 '나 자신이다'라고 말한다.

이 말은 결코 틀린 말이 아니다.

명나라 여곤(呂坤)은 도탄에 빠진 백성들의 생활과 부정부패를 일삼는 관리들의 행태들을 보면서 마치 신음을 내듯 고통을 참아가며 『신음어(呻吟語)』라는 책을 썼다.

그는 이 책에서 다음과 같이 말하고 있다.

"만물은 성(性)에서 생겨나고 정(情)으로 인하여 죽는다. 지인(至人)은 무욕무정하고 군자는 정을 잘 절제하며 평범한 사람은 정을 절제하지 못하고 소인은 정으로 방종한다."

"'정(靜)'이라는 글자를 하루종일 마음에서 떼어놓으면 안 된다. 대문이 매일 같이 수없이 열고 닫혀도 그 문지도리(문짝을 여닫을 때 문짝이 달려 있게 하는 물건)는 절대 움직이지 않는다. 이는 미인이 하루에도 몇 번씩 거울을 보더라도 그 거울이 움직이지 않는 것과 같은 이치이다. 사람도 매일 다른 사람과 만나더라도 마음은 항상 평정하다. 가만히 있는 것이 오히려 움직임을 지배할 수 있다. 움직이기만 바란다면 만사를 올바르게 처리할 수 없게 된다."

천지만물의 이치는 '정(靜)'으로부터 시작하여 '정'으로 돌아간다. 인간의 마음도 마찬가지로 정으로부터 나와 정으로 돌아간다. 이와 같이 '정'이란 모든 이치가 모여드는 풀무처럼 모든 변화를 지배하는 중심이다.

평정이란 단지 입을 닫고 침묵하고 있는 것을 가리키는 것이 아니다. 마음이 들뜨지 않고 태도에 여유가 있는 것, 이것이 바로 진정한 평정이다.

*여곤(呂坤) _ 명나라 말기의 유학자. 스스로 납득하는 것을 중히 여겨 주자학·양명학, 그 어느 것에도 속하지 않고 독자적인 수양에만 노력하였다. 중국 관료들의 지침서로 널리 읽혀오던 『신음어』를 남겼다.

삼십육계에서 배우는 인생 전략과 전술

특•별•부•록

● 제1계 – 瞞天過海(만천과해) : 하늘을 가리고 바다를 건넌다

어떤 목적을 가지고 행동을 하더라도 평상시와 다르지 않게 보여 적이 의심을 품지 않도록 하는 전략. 즉 드러난 모습에 계략을 숨기는 것을 말한다.

'만(瞞)'은 속인다는 뜻으로, 사건의 실정을 속여서 다른 사람이 모르게 하는 것을 말하며, '천(天)'은 천자, 즉 황제를 말한다.

▷▷

각종 기묘한 방법으로 황제의 보고 듣는 것을 막아서, 물을 두려워하는 황제로 하여금 배에 올라가게 하여, 그가 알지 못하는 사이에 큰 부대를 따라서 안전하게 바다를 건너는 것에서 유래하였다.

『삼국지』에 나오는 명장 태사자(太史慈)는 완전히 포위된 성에서 이 책략으로 탈출에 성공하였다.

그는 매일 아침 성에서 니외 저군들이 보는 앞에서 활 쏘는 연습을 하였는데, 처음에는 적군들이 경계도 하고, 무기를 들고 열심히 방어 태세도 취했지만 얼마 후부터는 아예 쳐다보지도 않았다. 그러던 어느 날 성을 나온 태사자는 아무도 쳐다보지 않는 틈을 타 그대로 적진을 빠져나올 수 있었다.

•●● 남들이 다 알고 있는 방법, 누구나 쉽게 생각 해낼수 있는 방법으

로 상대를 제압하려는 것만큼 무모한 일은 없다. 상대가 방심하고 있을 때를 노리는 것이야 말로 고도의 전략이다. 따라서 평범한 것, 늘 눈에 익어 전혀 의심하지 않는 것에도 주의를 기울여야 한다.

제2계 - 圍魏救趙(위위구조) : 강한 적을 분산시켜 쳐부순다

'조나를 구하기 위해 위나라를 포위한다'는 뜻. 적의 역량을 집중시키는 것이 적의 역량을 분산시키는 것만 못하고, 아군의 역량을 먼저 드러내어 적을 상대하는 것이 적이 먼저 공격하기를 기다리는 것만 못하다는 것이다.

전국시대 위나라가 조나라를 공격하자 다급해진 조나라는 제나라에 구원을 요청하였다. 이때 『손자병법』의 저자로 유명한 제나라 군사(軍師) 손빈은 군대를 직접 조나라로 보내지 않고 위나라 수도를 향해 진격시켰다. 그러자 위나라는 조나라에서 군대를 황급히 철수시켰고, 손빈은 그 군대를 기습하여 대파할 수 있었다.

●●● '계란으로 바위치기'라는 말이 있듯 너무 강한 상대에게 무모하게 대들면 패배할 게 뻔하다. 따라서 상대가 너무 강할 때는 정면 승부보다는 상대의 허술한 면을 이용해 공격해야 승리할 수 있다는 것이 이 전

략의 핵심이다.

🌑 제3계 - 借刀殺人(차도살인) : 남의 칼을 빌려 적을 죽인다

자신의 칼을 사용하지 않고, 다른 사람의 칼을 사용하여 남을 죽이는 방법을 말한다.

동한 말기 위나라 조조, 오나라 손권, 촉나라 유비가 서로 대립하고 있었다. 그 중 유비는 조조와 손권에 비해 세력이 미약하였기 때문에 손권과 연합하여 조조에게 대항하였는데, 연전연승을 거둬 세력이 급속하게 강해졌다. 그러자 손권은 유비의 세력이 커지는 것을 두려워하기 시작하였다.

이를 눈치챈 조조의 책사 사마의는 손권을 자극해 유비를 치도록 하는 계략을 내놓았다. 이에 넘어간 손권은 유비를 쳐 관우를 죽이고 말았다. 그러나 이로 말미암아 인심을 잃고 말았으며, 군사력과 영향력 역시 급속하게 쇠퇴하였다.

하지만 조조는 손권의 칼을 빌어 관우를 죽임으로써 이를 적절하게 이용하였다. 그 후 계속된 전쟁을 통해 조조는 점차 강대해졌고 천하를 통일할 수 있었다.

▷▷▷

●●● 이 전략의 전제조건은 상대에게 신뢰를 얻어야 한다는 것이다. 아울러 모든 작전이 끝날 때까지 상대가 눈치를 채지 못해야 한다. 불이익 상황을 이익 상황으로 바꾸어 놓거나, 확신을 가졌던 사항에 대하여 의문을 갖게 만듦으로서 목표를 달성하는 것이라 할 수 있다.

▶▷▶

제4계- 以逸待勞(이일대로) : 여유로움을 가지고 상대가 피로해지기를 기다린다

춘추시대 진나라의 명장 왕전이 초나라 군대와 전쟁을 벌일 때의 일이다.

왕전은 초나라 군대와 싸울 생각은 하지 않고 오직 견고한 성벽만 굳게 쌓아 진지를 지켰다. 이에 초나라 군사들이 계속 도발하였지만 그는 거들떠보지도 않은 채 병사들을 편히 쉬게 하며 음식을 넉넉히 제공하였다. 또 때로는 병사들과 함께 식사를 하며 사기를 북돋우었다. 그리고 얼마 후 사람을 시켜 병사들의 동정을 살피게 하였다.

"병사들이 무엇을 하고 있는가?"

"예, 돌 던지기와 뜀뛰기 놀이를 하고 있습니다."

그러자 왕전이 무릎을 치며 말하였다.

"이제 때가 되었다. 병사들의 몸과 마음이 모두 튼튼해졌으니, 이제 싸움을 해도 좋다."

그즈음 초나라 군대는 몇 번에 걸친 도전에도 진나라 군대가 전혀 싸울 기색을 보이지 않자 군사를 철수시키고 있었다.

이에 왕전은 그제야 비로소 때가 왔다는 듯 군대를 이끌고 초나라 군사들을 추격하였다. 특히 힘센 장사들을 앞세워 초나라 군대를 대파하고 장군 항연을 붙잡아 죽였다. 그 결과, 초나라 군대는 완전히 와해되고 말았다. 진나라는 기세를 몰아 초나라를 공략하여 일 년 만에 초나라 왕을 사로잡고 초나라를 멸망시켰다.

●●● 이 전략은 싸움만이 능사가 아니고 방어를 하면서 때를 기다리는 것이 최대의 공격이 될 수 있음을 말하고 있다. 꾸준히 준비하는 자세의 중요성을 일깨워준다.

● 제5계 – 火打劫(진화타겁) : 불난 것을 틈타 공격한다

상대방이 조금이라도 틈을 보이면 그것을 이용하여 지체없이 공격하여 격멸시키는 작전.

　　상대방이 어려운 상황에 처해 있을 때 나의 이익을 챙기거나 상
대방에게 타격을 가하는 전술. 상대방 진영에 불을 일으켜 혼란에
빠지기를 기다리는 격안관화(隔岸觀火) 전략을 먼저 실행한 다음
후속 전략으로 진행하는 것이 보통이다. 상대를 먼저 위기에 빠뜨
려 놓고 공격하는 것이 가장 효과적이기 때문이다.

　　제갈량(諸葛亮)은 조조가 오(嗚)나라와 큰 전투를 벌이느라 정신
이 없을 때를 이용해서 그의 땅 일부를 손쉽게 차지하였다. 이로 인
해 근거지 없이 떠돌던 유비는 활동 근거지를 확보하고 삼국지의
주역으로 등장할 수 있는 발판을 마련할 수 있었다.

　　●●● 남이 어려울 때를 놓치지 않고 그 기회를 최대한 이용하여 나의
이익과 실속을 채우라는 것인데, 일반적으로 해서는 안 될 일처럼 보이
지만 개인이든 회사든 경쟁시대에 사는 사람들에겐 생존을 위한 방법
이기도 하다.

　　● 제6계 – 聲東擊西(성동격서) : 동쪽을 향해 소리치지만 실제로는 서
쪽을 공격한다

　　바둑에서 많이 사용하는 방책. 한쪽 말을 공격하지만 실제 공격 목

표는 그 말이 아닌 그 옆에 있는 다른 말을 포위하여 죽이는 것이다.

초(楚)나라와 한(漢)나라가 서로 다툴 때 위왕(魏王) 표(豹)는 초나라에 투항하였다. 이에 유방(劉邦)은 항우(項羽)와 위왕 표의 협공에 시달려야만 했다. 할 수 없이 한신(韓信)을 보내어 정벌에 나섰는데, 위왕 표 역시 백직(柏直)을 대장으로 임명하여 황하 동쪽 포판(蒲坂)에 진을 치고 한나라 군대의 도하(渡河)를 저지하고 나섰다.

이에 한신은 포판 공격이 어렵다고 생각하여 사병들로 하여금 낮에는 큰 소리로 훈련하게 하고 밤에는 불을 환하게 밝히도록 하였다. 이를 지켜본 백직은 그들의 어리석은 작전을 비웃었다.

그러나 한신은 비밀리에 군대를 이끌고 하양에 도착하여 강을 건널 뗏목을 만들었다. 뗏목으로 황하를 건넌 한나라 군사들은 신속하게 진군하여 위왕 표의 후방 요지인 안읍(安邑)을 점령하고 그를 사로잡았다.

●●● 이곳저곳을 공격하여 적이 진짜 의도를 알아차리지 못하게 하면, 적은 수동적으로 방어할 수 밖에 없다. 이때 적의 동태를 잘 파악하여 가장 빈약한 곳을 재빨리 치고 빠져야 한다. 중요한 것은 강한 곳을 피하고

약한 곳을 공격하는 것이다.

 제7계 - 無中生有(무중생유) : 무에서 유를 만들어낸다

허와 실을 교묘히 결합시켜 적을 혼란스럽게 하는 작전.

당의 안록산이 반란을 일으켜 옹구성을 포위하였을 때의 일이다. 옹구성은 결사 항전했지만 무기가 모두 바닥나 전멸할 상태에 이르렀다. 그때 장수 중 장순이라는 사람이 있었다. 그는 병사들에게 천 개 정도의 볏짚 인형을 만들게 하고 그것에 검은 옷을 입혀 진짜 병사처럼 꾸몄다. 그리고 깜깜한 밤에 그것들을 새끼줄로 매어 성벽 밖으로 떨어뜨렸다. 그러자 적군은 소나기처럼 화살을 퍼부었다. 이에 장순은 볏짚 인형에 꽂힌 수만 개의 화살을 적군에게 보이며 놀려댔다. 그리고 며칠 후 이번에는 볏짚 인형 대신 진짜 병사들을 새끼줄에 매어 성 밖으로 내려 보냈다. 그러나 적군은 이번에도 인형일 것이라고 생각해 전혀 신경을 쓰지 않았다. 결국 안전하게 내려간 병사들은 적군들을 급습하여 대파할 수 있었다.

●●● 이는 상대방의 허점을 기다리는 것이 아니라 오히려 허점을 만들어 내거나 허점을 유도함으로써 목표한 바를 쟁취하는 매우 적극적인

계략이라 할 수 있다. 습관화된 사고의 창조적 파괴를 의미한다고 볼 수
도 있다.

제8계 – 暗渡陳倉(암도진창) : 기습작전과 정면공격을 함께 구사한다

유방과 항우가 천하를 놓고 자웅을 겨룰 때 힘이 약했던 유방은
변두리 한중 지방으로 들어가면서 중원에는 뜻이 없음을 항우에게
보여주기 위해 한중과 중원을 연결하는 유일한 길이었던 잔도(棧
道)를 스스로 불태웠다. 그러나 이는 교묘한 위장술이었다. 뒷날 명
장 한신이 관중을 공격할 때 마치 그 잔도를 수리하는 척 하면서 몰
래 샛길을 통해 우회해 진창으로 진격하여 항우 휘하의 군대를 격
파하였기 때문이다.

●●● '성동격서'와는 조금 다른 의미를 갖는다. 성동격서는 정면 공격
을, 암도진창은 기습공격을 의미한다. 물론 두 병법 모두 적의 혼란을 야
기 시킨다는 공통점이 있다.

효율적인 면에서 보면 전력의 손실이 적은 암도진창이 좋아 보이지만
성동격서는 승전계이고, 암도진창은 적전계로 나뉘는 것으로 보아 각각
의 상황에 따라 전술이 바뀔 수 있음을 알 수 있다.

제9계 - 隔岸觀火(격안관화) : 기슭을 사이에 두고 불을 본다

불이란 '적의 내분'을 말하며, 행운이란 '자면서 기다리는 것'이란 말이 있듯, 이 작전은 얼마 동안 관망하면서 적의 내분과 자멸을 기다린다는 의미이다.

적벽대전 중 유비가 강 건너 높은 곳에서 주유가 조조를 공격하는 모습을 내려다본 데서 유래하였다. 주유와 조조가 격렬하게 싸워 서로 심각한 타격을 받게 되면 유비는 싸우지 않고도 편안하게 어부지리로 쉽게 승리할 수 있었기 때문이다.

중국인들은 흔히 '좌산관호투(坐山觀虎鬪)'라고 말하기도 한다. 이는 산에 편하게 앉아서 호랑들이 서로 싸우는 모습을 구경하면서 싸움이 끝나기를 기다린다는 뜻이다. 호랑이 두 마리가 싸우면 작은 놈은 죽고, 큰 놈은 상처를 입게 된다. 이때를 기다렸다가 상처 입고 비틀거리는 큰 놈을 단칼에 찔러 죽이면 호랑이 두 마리를 손쉽게 잡을 수 있다.

격안관화는 단순히 편안하게 기다리는 소극적인 행위가 아니다. 상대의 허점이 무엇이고 상대가 언제 쓰러질 것인지를 살피는 적극적인 기다림이 필요하기 때문이다.

•●● 적의 내부에 분열이 일어나 힘이 쇄약해지길 기다린다는 뜻으로 응용된다.

상대가 약할 때 직접 공격을 하면 상대는 온 힘을 다하여 대처하는 상황이 초래된다. 그 자리에서 쉽게 처리해서는 큰 수확을 얻을 수 없을 경우 기타의 수단을 이용해 적당한 타협점을 찾는 것이 좋다.

▷▶▶

◉ 제10계 – 笑裏藏刀(소리장도) : 웃음 속에 칼을 품고 있다

면전에서는 상냥하게 미소를 보이지만 가슴에 비수를 품고 상대방을 대하는 작전. 자신의 목적을 숨기기 위한 선의의 미소도 있지만 내심 음험하며 악랄한것을 의미하기도 한다.

송나라 장군 조위는 수천 명의 병사들이 적군에게 항복하였다는 소식을 듣고 웃으면서 다음과 같이 말하였다.

"떠들 것 없네. 모두 내 명령에 따른 것일세."

얼마 후 이 이야기를 들은 적군은 항복한 병사들의 목을 모조리 베고 말았다.

•●● 이 계책을 성공적으로 운용하려면 자연스럽고 진실하며 적당한 정도를 지키는 '웃음'이 필수적이다. 웃음이 거짓처럼 보여서는 상대가

오히려 경계심을 품을 수도 있기 때문이다. 또한 기회를 봐서 칼을 뽑아야 하는데 공개적으로 혹은 비밀스럽게 뽑을 수도 있다. 하지만 일단 칼을 뽑았다면 적이 맞서지 못하도록 신속하게 처리해야 한다.

제11계 – 李代桃僵(이대도강) : 자두나무가 복숭아나무로 변해 쓰러진다

A로써 B를 대체하는 작전. 즉 부분적인 손해를 보는 대신 전체적인 승리를 쟁취한다는 책략으로, 바둑에서 말하는 사석작전과 같은 것이다.

『손자병법』의 저자 손빈이 전기 장군에게 경마내기의 비법을 알려주었다. 그 방법은 대충 다음과 같다.

우선, 전기 장군 측의 하등의 말과 상대방의 상등의 말을 경주시킨 뒤, 이어서 이쪽의 상등의 말과 상대방의 중등의 말을 대결시키고, 계속하여 이쪽의 중등의 말과 상대의 하등의 말을 대결시킨다는 것이다. 이렇게 하면 언제나 2:1로 승리를 거둘 수 있다는 것이다. 과연 이 방법으로 전기 장군은 대승을 거두었다.

●●● 이대도강의 책략을 운용함에 있어서의 관건은 득실을 잘 계산하

고 획책을 잘 하는 데 있다. 간단하게 승부의 차수를 비교해서는 안 된다. 중요한 것은 누가 마지막으로 승리했느냐이다.

제12계 – 順手牽羊(순수견양) : 손을 따라서 양을 이끈다

순수견양이란 '그곳에 있는 것을 마음대로 훔친다'는 뜻이다. 이는 소규모 유격대로 적의 심장부에 침투해 들어가 신출귀몰한 공격으로 승리를 거두는 것을 말한다.

후한의 헌제는 동탁에게 장안으로 납치되어 연금상태에 있었다. 그러다가 학대에 못이겨 몰래 탈출하여 낙양으로 도망치던 중 도적에게 쫓기게 되었다. 그때 헌제는 수레를 타고 있었는데 수레와 그를 추격하는 기마대와는 속력에 차이가 있었다. 하지만 쫓기고 쫓기다가 어느덧 곧 붙잡히고 말았다.

그때 헌제를 시종하던 늙은 신하 동승이 갖고 있는 패물과 돈, 옷을 길에 버리게 하였다. 이에 사람들이 패물이나 옷을 모두 벗어 길바닥에 던졌다. 급기야 황후까지 패물을 있는 대로 모두 길바닥에 던져버렸다. 그러자 도적들은 추격을 멈추고 땅위에 흩어진 보화들을 줍느라 정신이 없었다. 이를 틈타 헌제는 무사히 거기서 빠져나

수 있었다.

●●● 작은 것이라도 자신의 판단과 실력에 의한 것일 때라야 진정한 기쁨을 맛볼 수 있다. 이를 위해선 끊임없는 노력과 준비가 필요하다. 그래야만 진정한 승리자가 될 수 있다.

제13계 – 打草驚蛇(타초경사) : 풀을 쳐서 뱀을 놀라게 한다

직접 목표물을 치지 않고 주변부터 공격하면서 상대의 동정을 살피는 작전. 직접 뱀을 치지 않고 풀을 쳐서 뱀을 꾀어낸다는 의미도 있다.

당나라 당도현의 왕노는 뇌물을 엄청 밝히는 사람이었다. 어느 날 고을 사람들이 연명으로 그의 부하의 뇌물 수수 사건을 고발해 왔다. 그러자 왕노는 도둑이 제 발 저린 격으로 크게 놀라 자신도 모르게 그 고소장 위에 "너는 풀을 쳤다고 하지만 나는 이미 뱀처럼 놀랐다"고 쓰고 말았다.

●●● 상대방의 본심을 드러내도록 하기 위해서는 의심이 생기면 확실하게 정찰하여 상황을 완전히 파악한 후 행동으로 옮겨야 한다. 그래야만 만일에 있을지도 모를 불행한 사태를 미연에 방지할 수 있다.

제14계 - 借屍還魂(차시환혼) : 죽은 혼이 시체를 빌어 부활하다

이현이라는 도사가 잠시 육체를 떠나 신선이 있는 하늘로 올라갔다가 7일 만에 다시 돌아와 보니 자신의 육신이 불태워진 것을 발견하고 옆에 있던 거지의 죽은 시신을 빌려 환생했다는 고사에서 유래하였다.

본래 뜻은 '이미 죽어 버렸지만 다른 육체를 빌려 새로운 생명을 찾는다는 것'이다. 따라서 이용할 수 있는 것은 무엇이나 이용해서 뜻하는 바를 실현시키는 것을 말한다. 여기서 '차시'는 '수단'이고, '환혼'은 '목표'이다.

조조가 전장에서 부족한 군량미에 불만을 품은 군사들을 다스리기 위해 군량미를 나눠주던 왕후의 목을 치면서 '왕후가 군량미를 횡령했다'라는 거짓 공포를 하여 군심을 잠재운 일이나, 일본이 청나라 황제였던 부의를 만주국의 황제로 내세워 자신들의 뜻대로 한 것 역시 이 작전에 속한다.

••• 다른 사람을 통하여 자신의 목표를 이루고자 할 때 이용하는 전략이다.

● **제15계 – 調虎離山(조호이산) : 호랑이를 유인해 산을 떠나게 한다**

호랑이는 산중에 있을 때라야 천하무적이다. 하지만 산을 떠나 일단 들판으로 나오게 되면 사냥하기가 훨씬 더 쉽다. 따라서 이 작전은 요새에 버티고 있는 호랑이라는 강적을 밖으로 꾀어내는 것이 관건이다.

●●● 인간관계나 비즈니스 협상에 있어서도 상대를 내가 원하는 시점이나 지역으로 오게 한 후 협상에 임한다면 한층 더 유리한 입장에 설 수 있다. 강한 적일수록 적을 홈그라운드 밖으로 유인해야 한다.

● **제16계 – 欲擒姑縱(욕금고종) : 큰 것을 얻기위해 작은 것을 풀어준다**

쥐도 궁지에 몰리면 고양이를 무는 법이다. 오히려 도망갈 길을 열어주면 적은 자연히 세력이 약화된다.

제갈량은 맹획을 칠종칠금, 즉 일곱 번 전쟁을 벌여 매번 사로잡았지만 모두 그냥 놓아주었다. 결국 맹획은 제갈량의 신출귀몰한 작전과 인품에 감복하여 스스로 무릎을 꿇고 진심으로 그를 섬기게 되었다.

●●● 살면서 가장 범하기 쉬운 것이 바로 '집착'이다. 놓으면 잃어버릴

것이라는 생각에 더욱 굳게 잡으려고 한다. 그러나 완전하게 얻으려면 먼저 놓아야 한다는 사실을 알아야 한다.

제17계 – 抛磚引玉(포전인옥) : 벽돌을 던져 구슬을 얻는다

미끼를 던져 상대를 유혹하는 작전.

당나라 때 시인 상건은 평소 조하라는 유명한 시인의 시를 얻고 싶어 했다. 그러던 어느 날 조하가 소주의 영암사로 여행을 간다는 소식을 듣고, 먼저 영암사에 도착하여 입구에 있는 담 벽에 두 구절의 시구를 써놓았다. 그리고 잠시 후 도착한 조하가 그것을 보고는 즉시 붓을 휘둘러 나머지 두 구절을 지어 그곳에 써넣었다. 상건이 조하의 시를 유인하기 위해 써넣은 자신의 시는 벽돌이었고, 조하의 시는 그가 얻으려고 하던 옥이었다. 후대의 문인들은 상건의 이런 계획을 '포전인옥'이라고 불렀다

조조가 패전하면서 소와 말을 풀어 적의 병사들이 소와 말을 잡기 위해 어지러울 때를 이용하여 도망간 일이나, 유방이 항우의 군사들에게 쫓길 때 가지고 있던 보물을 길에 뿌려서 병사들의 눈을 돌리게 한 일도 이에 해당한다.

●●● 포전인옥의 원래 목적은 아직 옳고 명확한 견해가 없을 때는 먼저 의견을 발표함으로써 남들로 하여금 좋은 견해를 내놓게 유도한다는 것이다. 또는 타인의 의도와 견해를 유발하기 위하여 자기가 먼저 미끼가 되는 어떤 의견들을 내놓음으로써 자신의 목적에 도달한다는 것이다.

▶▷▶

제18계 - 擒賊擒王(금적금왕) : 적을 잡으려면 먼저 왕을 잡아라

적의 주력부대나 지휘부를 직접 강타하여 분쇄함으로써 적을 궤멸시키는 작전.

일반적으로 왕이나 대장을 비롯한 지휘부를 잃게 되면 그 군대는 순식간에 지휘계통을 잃고 사기가 떨어져 일패도지하게 된다. 결국 이 작전은 어떤 일이든 급소를 찌르는 것이 선결과제임을 말하고 있다.

적의 주력을 부수고 우두머리를 취하면 그 집단은 반드시 무너지게 되어 있다. 이는 하늘을 나는 용을 땅으로 끌어 내리는 것과 같은 것으로 절대 움직이지 못하게 하는 것이다. 적의 급소를 찔러 약화시켜 놓은 후 전체를 잡으면 그만큼 쉽다.

●●● 협상에서 가장 중요한 것은 그것을 결정하는 사람의 의중을 아는 것이다. 왜냐하면 협상을 주도하는 사람과 결정하는 사람이 다를 수도 있기 때문이다. 그러기 위해서는 대화 상대의 심리를 다치지 않게 하면 서도 실권자에게 뜻을 전달하고 자신의 의견을 관철시켜야 한다.

제19계 – 釜底抽薪(부저추신) : 가마 밑에서 장작을 빼낸다 ▷▶▷

적의 보급로를 끊거나 적의 사기를 꺾어 적을 격파하는 작전.

삼국지의 효웅(梟雄) 조조는 관도전투에서 원소의 대군을 격파 함으로써 제1인자의 자리에 우뚝 섰다. 이로 말미암아 시종 열세에 몰려있던 그는 일거에 전세를 역전시킬 수 있었다.

후한의 오한이라는 명장 역시 마찬가지 전략을 구사하였다.

어느 날 밤 도둑들이 군영을 습격해오자 당황한 병사들은 혼비 백산하며 어쩔 줄 몰라했다. 하지만 오한은 이 소식을 듣고도 침 상에 누운 채 미동조차 하지 않았다. 장군의 흔들리지 않는 모습 을 본 병사들은 그제야 비로소 평정을 되찾을 수 있었다. 그제야 오한은 곧바로 정예 병사를 선발하여 도둑들을 기습하여 격파하 였다.

●●● 이 작전의 핵심은 상대방을 정확하게 판단하는 통찰력에 달려 있다. 따라서 눈에 보이는 상대방의 겉모습뿐만 아니라 물밑에 감춰져 있는 상대의 욕구를 파악하는 것이 무엇보다 중요하다.

제20계 – 混水摸魚(혼수모어) : 물을 흐려놓고 고기를 잡는다

적을 혼란시켜 지휘 계통을 마비시키거나 전력을 약화시키는 작전.

유비는 제갈량의 헌책으로 오나라 손권을 부추켜 위나라 조조와 싸우게 하고 적벽대전을 승리로 이끈 후 형주를 차지하였다. 그리고 이를 근거로 하여 촉에 무혈 입성하였고, 결국 천하를 삼분하는 데 성공했다. 즉, 유비는 천하의 형세가 어지러운 틈을 타서 결정적인 이익을 얻은 것이다.

●●● 물을 흐리게 하되, 목표를 확실하게 설정해야만 효과를 볼 수 있다. 단지 상대를 혼란스럽게 하는 것만으로는 아무것도 얻을 수 없다.

제21계 – 金蟬脫殼(금선탈각) : 매미가 허물을 벗듯 위기를 모면한다

끝까지 싸울 태세를 취하는 듯 하면서 상대가 움직이지 못하는

틈을 타서 은밀히 주력부대를 이동시키는 작전.

　마치 매미가 살그머니 허물을 벗고 날아가는 모습과 비슷한 데서 붙여진 이름이다.

　유방이 항우에게 완전 포위되었을 때의 일이다. 도저히 빠져 나갈 길이 없어진 유방은 어느 날 사자를 항우 진영으로 보내 성의 동문으로 나가 항복하겠다고 전했다. 그리고 부녀자와 노약자를 동문 쪽으로 내보냈다. 그러자 항우의 부하들이 항복하는 유방의 모습을 보고자 온통 동문 쪽으로 몰려나와 구경하기에 여념이 없었다. 이 틈을 노려 유방은 서문을 통해 탈출하였다. 항우가 성에 들어갔을 때 성은 이미 빈 껍질만 남아있었다.

　●●● 대기업에서 고위 임원을 지내다가 호텔 웨이터로 변신에 성공한 사람의 이야기가 화제가 된 적이 있다. 그 사람은 이 작전을 완전히 이해하고 있다고 볼 수 있다. '내가 어떻게 그런 일을 할 수 있어'라며 과거의 자신의 모습에 집착하여 다가온 상황에 적응하지 못한 사람과 조직은 영원히 생존에 실패할 것이란 교훈을 전달하고 있다.

　어려울 때일수록 처음을 돌아봐야 한다. 고정된 나는 없다. 성공한 지금의 나도 실체는 아니다. 나는 매일 허물을 벗을 때 존재한다. 매미를

보면 생존법이 보인다.

 제22계 – 關門捉賊(관문착적) : 문을 닫아걸고 적을 잡는다

힘이 약한 적은 완벽하게 포위하여 섬멸하라는 작전.

별 것 없이 보였던 상대가 얼마 지나지 않아 무서운 강적이 되어 나타나는 바람에 당황한 경우가 종종 있을 것이다. 따라서 애시당초 그런 화근이 될 성 부른 싹은 처음부터 아예 철저하게 분쇄하라는 것이 이 작전의 핵심이다.

사마의를 계곡으로 유인하여 입구를 막고 화공으로 섬멸하려던 제갈량의 작전이 대표적이다. 소나기로 화공 계획은 무산되었지만 적의 힘을 완전히 제압할 정도로 가둔다면 뒷문을 열어주는 '욕금고종'보다도 더 완벽한 계획이 된다.

●●● 사람은 누구나 궁지에 몰리면 죽기 살기로 도망치려고 한다. 그러나 스스로 살아 나갈 가능성이 조금이라도 있다고 판단되면 반드시 목숨을 걸고 반항하게 된다. 이런 경우, 굳이 일일이 쫓아다니며 힘을 소모할 필요가 없다. 적의 주위에 포위망을 쳐서 도주로를 차단하고 가로막으면 적은 스스로 절망에 빠져 살기를 포기할 것이다.

🎯 **제23계 – 遠交近攻(원교근공) : 멀리 있는 나라와 손잡고 가까운 나라를 친다**

전국시대 진나라 소양왕(昭襄王) 때의 재상 범수는 종횡가의 한 사람이다. 소양왕이 제나라를 치기 위해 고민을 하다가 범수에게 가르침을 받고자 했다.

이에 범수는 다음과 같은 견해를 제시하였다.

"제나라와 우리 진나라는 거리가 멀고, 그 사이에 한(韓)과 위(魏)나라가 있습니다. 따라서 제나라에 패하기라도 하면 비웃음거리가 되고, 나라가 어지러워질 수도 있습니다. 또한 제나라를 친다고 해도 중간에 한과 위가 있으니 우리 진나라와 합치기가 어렵습니다.

옛날 위나라는 중산(中川)을 정벌했으나 뜻하지 않게 조나라가 중산을 집어 삼켰습니다. 조나라가 중산과 가까웠기 때문이지요. 따라서 제나라, 초나라와의 우호를 먼저 맺고 한나라와 위나라를 쳐야 합니다.

먼 나라는 우리와 우호가 있으니 간섭하지 않을 것이고, 가까운 나라를 치면 영토를 얻을 수 있습니다. 이를 원교근공(遠交近攻)이

▷▶▷

라고 합니다."

범수의 말을 들은 소양왕은 흔쾌히 그의 견해를 따랐다.

●●● 자신의 능력을 발휘하는 과정에서 언제든지 경쟁상대를 만날 수 있다. 그러다보면 경쟁상대가 적으로 변하기도 한다. 그러나 모든 상대를 적으로 만들어서는 안 된다. 적이 너무 많으면 그만큼 행동하기가 어렵기 때문이다. 만약 마음에 들지 않는 사람이 있다면 현자(賢者)들처럼 '잠시의 동료'로 생각해보는 건 어떨까.

🔘 제24계 – 假道伐虢(가도벌괵) : 길을 빌려 괵나라를 친다

작은 나라의 곤경을 틈타 이를 정벌하는 작전.

강대국 진나라가 괵나라라는 약소국을 공격하고 나섰다. 그런데 괵나라를 치기 위해서는 그 이웃에 있는 우나라를 거치지 않으면 안 되었다. 이에 진나라는 우나라 왕에게 보석과 준마를 선물한 후 지나갈 수 있도록 해달라고 청하였다. 그러자 우나라 중신들이 일제히 반대하고 나섰다.

"우리나라와 괵나라는 이웃하면서 서로 의지하는 관계입니다. 만약 길을 빌려주게 되면 괵나라가 쓰러지는 날 우리도 곧바로 무너

질 것입니다. 부디 받아들이지 마십시오."

하지만 우나라 왕은 이를 묵살하고 길을 빌려주고 말았다. 결국 진나라는 괵나라를 정벌한 뒤 돌아가는 길에 우나라까지 멸망시키고 말았다.

●●● 세상에 의미 없는 이웃이란 없다. 아무리 원망과 갈등관계에 있더라도 이웃과 친척은 나를 둘러싸고 있는 따뜻한 입술과도 같다. 직장에서 미운 상사도, 일 못하고 게으른 부하도 어쩌면 나에겐 입술과 같은 소중한 존재임을 잊지 말아야 한다. 만약 그들이 없으면 '나'라는 존재가 어떻게 될지 생각해봐야 한다.

▷▶▷

제25계 – 偸梁換柱(투량환주) : 대들보를 훔치고 기둥으로 바꾼다

상대국의 대들보가 될 만한 인물을 매수, 농락하여 상대국을 집어삼키는 작전.

본뜻은 몰래 어떤 사물의 본질이나 내용을 바꿔쳐서 상대를 속인다는 뜻이다.

진시황은 제나라를 멸망시킬 때 후승이라는 실력자를 매수한 후 내통자를 계속 늘려 결국 싸움을 시작하기도 전에 제나라를 허수아

비로 만들어 버렸다.

●●● 상대방을 속이는 기만술이라기보다는 창조적으로 상대를 설득하는 방법이라고 할 수 있다. 단순히 상대의 요구 조건만을 가지고 협상에 임하기보다 상대가 가지고 있는 또 다른 고민에 대해 적극적인 해결책을 제시해서 실리를 얻어내야 한다.

▶▷▶

제26계 - 指桑罵槐(지상매괴) : 뽕나무를 가리키면서 회화나무를 꾸짖는다

직접 상대를 비판하지 않고 제3자를 통해 간접적으로 비판하는 작전.

복종하기를 거부하는 부대를 통솔하여 적과 싸울 때 그 부대를 잘 다루어 복종하게 하는 것보다 물질적인 것을 제공하여 회유하는 것이 가장 쉽고 빠른 방법이다. 하지만 이 방법은 오히려 의심을 살 염려가 있다. 이럴 때는 고의로 그 부대를 꾸짖음으로써 은연중에 경고를 가하는 것이 좋다. 여기서 경고란 그 부대의 복종을 유도하기 위한 일동의 사전 정지 작업과도 같다.

적절한 강경책과 상대가 미처 예측하지 못한 정도의 압력으로 그

들을 복종하게 하는 것이다. 이것이 부하를 다루는 요령이다.

●●● 목표에 도달하기 위해 반드시 말을 타고 가서 직접 상대를 벨 필요는 없다. 그러면 인력과 물자만 낭비하게 될 뿐이다. 상황을 정확하게 분석해서 적절한 방법을 사용한다면, 간접 교육과 위협이 당신을 목적에 도달할 수 있도록 해줄 것이다.

▷▶▶

◉ 제27계 − 假痴不癲(가치부전) : 바보 행세를 하며 상대가 방심하도록 한다

뛰어난 지도자는 자신의 재능을 쉽게 드러내지 않는 법이다.

천하쟁패를 놓고 동진(東晉)과 전진(前秦)이 맞붙은 '비수(淝水)전투'에서 동진의 총대장을 맡았던 사안은 겉으로는 아무런 능력이 없는 일게 백면서생처럼 보였지만 기묘한 전술을 구사할 줄 알았다.

제갈량과 마지막으로 겨뤘던 위나라 장수 사마의 역시 마찬가지였다. 실제 그는 뛰어난 전략가였다. 그로 인해 제갈량의 신출귀몰한 작전도 무산되기 일쑤였기 때문이다.

사마의의 힘이 점점 커지자 위나라 황제 조상 역시 그를 몹시 경

계하였다. 이에 사마의는 두려움을 느낀 나머지 노쇠하여 곧 죽을 것처럼 위장하였다. 그 모습을 보고 왕은 비로소 안심하고 그에 대한 경계를 완전히 풀었다. 이 틈을 노려 사마의는 황제를 죽이고 왕위를 찬탈하였다.

●●● 뛰어난 지도자는 자신의 재능을 함부로 자랑하거나 잘난 척하지 않는다. 오히려 약간의 빈틈을 보여 상대를 안심시킨다. 노자 역시 이와 비슷한 말을 남겼다.

"훌륭한 지도자는 지모를 깊숙이 감추고 있어서 겉으로 보면 바보같이 보인다. 그러나 지도자의 이런 모습이야 말로 가장 이상적인 모습이다."

그런 면에서 항상 똑똑한 척하고 잘난 척하는 사람일수록 오히려 상대하기 쉬운 법이다.

제28계 - 上屋抽梯(상옥추제) : 지붕으로 유인한 뒤 사다리를 치운다

일부러 허점을 보여 적을 끌어 들이고 후속 부대를 끊어 포위, 섬멸하는 작전.

강한 적을 유인할 때는 절묘한 지략과 달콤한 미끼, 그리고 철저

한 사전준비 등이 필요하다. 그렇게 하여 적을 지붕에 올려놓은 다음 사다리를 치워버리는 것이 이 작전의 핵심이다.

초나라 항우 역시 전투를 앞두고 밥 해먹을 솥을 깨뜨리고 타고 온 배를 침몰시켜 병사들에게 긴장감을 조성하여 싸우게 하는 파부 침주(破釜沈舟)의 전술을 종종 사용하였다.

●●● 인간은 더 이상 물러날 곳이 없을 때 더 큰 힘이 나오는 법이다. ▷▶▷
그래서 어려운 위기가 오히려 전화위복이 되어 인생에 큰 도움이 되기도 한다. 그런 의미에서 때로는 일부러 위기 속에 들어가 생존을 도모하는 것도 인생의 생존 전략 중 하나이다. 대안이 없을수록 악착같이 그것에 더 매달리게 되고 새로운 방법을 찾아낼 수 있기 때문이다.

제29계 - 樹上開花(수상개화) : 나무 위에 꽃을 피운다

'나무 위에 꽃을 피운다'라는 뜻으로, 본래 꽃을 피울 수 없는 나무에 조화(造花)를 진짜 꽃처럼 장식하여 상대방을 속이는 작전.

정예부대를 아군의 진지에 배치하여 위세 있게 보이고 그럼으로써 적에게 위압감을 주는 것. 깃발이나 창, 칼, 북, 꽹과리 등으로 아군을 대병력으로 보이게 하는 책략이다. 아군이 소수이거나 열세일

때 구사하는 작전이다.

6.25전쟁 당시 국군과 미군이 어디선지 홀연히 나타나 북과 꽹과리 소리를 울려대면서 쳐들어오는 중공군에게 호되게 당했던 것도 바로 이 작전이었다.

●●● 사람들 모두가 본질과 형상을 정확히 볼 수 있는 눈을 가진 것은 아니다. 그러다보니 많은 사람들이 겉모습에 속아 넘어가곤 한다. 그리고 결국은 후회한다. 이것을 끊임없이 반복하는 사람들도 있다. 따라서 이런 실수를 만회하기 위해서는 겉모습이 아닌 그 내면을 들여다 볼 수 있는 안목을 길러야 한다.

🔘 제30계 – 反客爲主(반객위주) : 손님이 도리어 주인 노릇을 한다

손님의 지위를 확보한 다음 상대의 빈 틈을 잘 노리면서 틈새에 끼어들어가 기반을 확보하고 기회를 장악하여 주인이 되는 것이다.

이 전략을 가장 잘 사용한 인물로 유비를 꼽는다.

그는 조조에게 몸을 붙이고 있으면서 슬그머니 서주성을 차지하였다. 또 동오로 피신해서 조조와 손권을 싸움 붙인 뒤 형주를 슬그머니 차지하였고, 장로의 위협에 도움을 요청하는 유장에게 가서

슬그머니 축을 차지하였다.

●●● 세상엔 영원한 손님도, 영원한 주인도 없다. 상황을 정확히 분석하고 장악한 사람만이 주인으로 남는 것이 생존의 이치이다. 모든 것을 잃고 나서 후회해 봐야 이미 엎질러진 물이다. 주도권을 유지하기 위해서는 한 치의 경계도 늦춰서는 안 된다. 주도권은 결국 주인의식을 갖고 긴장하는 사람에게 돌아가게 되어 있다. 생존은 끊임없는 긴장감과 변화의 유연함을 습득한 사람만이 지켜낼 수 있는 것이다.

▷▷▷

제31계 – 美人計(미인계) : 아름다운 미인을 이용하여 상대를 교란시키고 파멸시킨다

대표적인 미인계는 오나라와 월나라 간에 와신상담의 혈투가 벌어질 때 범어가 오니라 왕 부차에게 서시라는 절세 미녀를 보낸 것이다. 실제 부차는 서시에게 홀딱 빠져 정사를 까맣게 잊어버렸다. 결국 오나라는 월나라의 공격을 받아 패망했고, 부차 역시 죽고 말았다.

사도 왕윤에겐 초선이라는 가기(家妓)가 있었다. 그녀는 얼굴이 명월같이 아름다웠을 뿐만 아니라 노래와 춤에도 뛰어났기 때문에

탐하는 남자들이 무척 많았다. 천하제일의 명장 관우와 여포는 물론 조조까지도 그녀를 얻기 위해 주위를 맴돌았을 정도였다.

왕윤이 역적 동탁을 제거하기 위해 초선을 이용했다는 미인계는 너무나 유명한 일화이다. 동탁과 그의 양아들 여포 사이에 불화를 일으켜 여포가 동탁을 죽이는 패륜을 범하게 만들었기 때문이다.

아마 초선이라는 절세미인만 없었다면 동탁은 천하를 얻을 수 있었을 지도 모른다. 천하무적의 장수 여포 역시 동탁과 더불어 한 세상을 풍미할 수가 있었지만 미인계에 속아 양부를 살해하는 우를 범하고 말았다.

●●● 동서고금을 막론하고 광범위하게 사용된 전략 중 하나로, 가장 불리한 경우 열세를 우세로 바꾸어 패배를 승리로 이끄는 전략이다. 그러나 자신은 물론 주변 사람들까지 힘들게 할 수 있다는 단점이 있다.

제32계 - 空城計(공성계) : 빈 성으로 유인해 미궁에 빠뜨린다

겉으로는 허세를 부리지만 사실은 준비가 전혀 없는 것을 비유한 말이다. 위험천만한 일을 도모하고 있다는 뜻으로 사용하기도 한다.

제갈량이 촉나라 군대를 양평관에 주둔시키고, 대장군 위연(魏

延)과 왕평(王平) 등으로 하여금 위(魏)나라 군대를 공격하게 할 때의 일이다. 군대를 모두 다른 곳으로 보냈기 때문에 제갈량이 주둔하고 있는 성에는 병들고 약한 일부의 병사들만 남아 있었다.

이때 위의 대도독 사마의(司馬懿)가 15만 대군을 이끌고 성으로 쳐들어 왔다. 이 소식을 들은 제갈량은 군사들로 하여금 성 안의 길목을 지키게 하고, 성문을 활짝 열어둔 채 스무 명의 군사를 백성들로 꾸며 청소를 하도록 하였다. 그리고 자신은 눈에 잘 띄는 성 밖 적루(敵樓) 난간에 기대앉아 웃음 띤 얼굴로 한가롭게 거문고를 뜯었다.

대군이 몰려와도 아무 일 없다는 듯 청소를 하고 있는 백성들과 거문고를 뜯고 있는 제갈량을 본 사마의는 그가 무슨 일을 꾸미고 있는지 몰라 군사를 서두이 물러가고 말았다.

●●● 조직이든 개인이든 생존이라는 가장 기초적인 본능을 충족하기 위해선 무의식적이든 의식적이든 다양한 트릭을 구사한다. 그러나 거기에도 한계가 있다. 트릭을 너무 자주 사용하다보면 언젠가는 들통나기 마련이기 때문이다. 차라리 힘들더라도 트릭보다는 진심(眞心)으로 다가서는 게 좋지 않을까.

제33계 – 反間計(반간계) : 첩자를 역이용하여 상대를 혼란시킨다

적벽대전에서 주유가 펼친 반간계가 대표적이다.

북방 출신인 조조의 군대는 기마전에는 능했지만 수전(水戰)에는 약하였다. 채모와 장윤은 조조에게 투항한 장수들로, 수전에 능하여 조조의 군대를 조련하였다. 주유가 내심 이를 걱정하고 있던 차에 조조의 참모로 주유와 동문수학한 장간이 항복을 권하러 주유를 찾아왔다. 주유는 그와 함께 술을 마시고 취하여 자는 척하면서 탁자 위에 채모와 장윤이 보낸 것처럼 꾸민 편지를 놓아두었다. 장간은 이 편지를 보았고, 또 주유가 다른 장수와 나누는 밀담을 통해 채모와 장윤에 대해 말하는 것도 들었다. 장간은 편지를 훔쳐 빠져나와 조조에게 고하였다.

이에 조조는 채모와 장윤을 오나라의 첩자로 오인하여 목을 베고 말았다. 이로써 조조의 군대는 수전의 약점을 보완하지 못하게 되었고, 결국 주유의 반간계에 넘어가 전력이 우세하였음에도 불구하고 대패하고 말았다.

●●● 반간계를 깨뜨릴 수 있는 방법은 오직 하나, 신뢰뿐이다. 한 번 믿고 맡겼다면 끝까지 그 사람을 믿을 수 있어야 한다.

● 제34계 – 苦肉計(고육계) : 자신을 희생해 적을 안심시킨다

'고육지책'이라고 많이 알려져 있다. 때로는 자신의 애첩이나 아끼는 신하를 눈물을 머금고 희생시키는 것도 여기에 포함된다.

적벽대전 당시, 오나라 장수 주유는 화평책을 주장하여 조조에게 항복하자는 부하 장수 황개를 능지처참하도록 명하였다. 하지만 감영 등 많은 장수들이 나서서 설득하는 바람에 사형만은 면하게 되었다. 하지만 황개는 살점이 떨어지고 몇 번이나 혼절할 만큼 끔찍한 고문을 받아야만 했다. 이때 황개는 몰래 밀사를 조조 진영에 보내 곧 항복하러 갈 것이라고 전했지만 이것은 완벽한 거짓작전이었다. 이에 속은 조조는 자기 진영으로 다가오는 황개의 군사들이 항복하러 오는 것으로 착각하고 무장을 풀었다. 이에 황개는 이를 이용하여 화공작선을 펼쳐 승리를 거두었다.

●●● 일을 하다보면 자신의 뜻대로 일이 잘 풀리지 않는 경우가 더러 있다. 이럴 때는 최선이 아닌 차선책을 선택함으로써 다음을 기약해야 한다. 아깝고 분한 마음에 더 큰 욕심을 부리게 되면 지금까지 쌓아왔던 모든 것을 잃을 수도 있다.

▷▶▶

◉ 제35계 - 連環計(연환계) : 여러 가지 계책을 연결시킨다

'고리를 잇는 계책'이라는 뜻으로, 여러 가지 계책을 교묘하게 연결시킨다는 의미이다.

적벽대전에서 화공작전이 성공한 것은 조조 병사들의 함대가 쇠사슬 고리로 연결되어 자유롭게 활동할 수 없었기 때문이었다. 그 작전은 촉나라의 방통이 획책한 것으로, 단번에 승부를 내는 것이 아니라 두 가지 이상의 계략을 결합시켜 승리를 거두는 책략이다.

필재우는 송나라의 명장이었다. 당시 송나라는 금나라의 침략을 받아 치열한 전투가 계속되었다.

어느 날 필재우는 날이 어두워지자 삶은 검정콩을 땅에 뿌려놓고 금나라 군대에 싸움을 걸었다. 그리고 짐짓 패퇴하는 듯 하면서 후퇴하자 금나라 군사들이 맹추격해왔다. 그런데 금나라 군사들을 태운 굶주린 말들이 콩 냄새를 맡고는 모두 멈춰 서서 콩을 먹기 시작하였다. 이 틈을 노려 필재우는 총공격에 나서 대승을 거뒀다.

●●● 모든 일은 자신의 책임 하에 스스로 판단해야 한다. 아무리 어려운 지경에 빠지더라도 누군가에게 기대거나 판단을 의지해서는 안 된다. 모든 것이 혼란스럽다면 차라리 판단하지 마라. 그것이 더 나을 수도 있다.

🌀 제36계 – 走爲上(주위상) : 달아나는 것이 상책이다

'36계 중 줄행랑이 최고'라는 말이 있다. 이는 전쟁을 함에 있어서 만약 아군의 병력이 열세라면 마땅히 퇴각을 해야 하고, 또 승산이 없다고 한다면 결코 싸우지 말라는 뜻이다.

중국 남북조 시대에 단도제라는 명장이 있었다. 그는 전쟁을 할 때 항상 도망치는 것을 상책으로 삼으면서도 번번이 기민하게 승리를 거두었다. 이 일로부터 '단공 삼십육계'라는 말이 나오게 되었다.

전군이 퇴각한다는 것은 결코 패퇴나 항복과는 다르다. 힘을 그대로 비축하여 유리한 기회를 틈타 전투를 벌이겠다는 것이다.

●●● 역사를 돌이켜 보면 수많은 영웅들이 이룰 수 없는 꿈에 집착하다 망하는 경우를 많이 볼 수 있나. 꿈이란 크면 클수록 좋다는 말이 있다. 하지만 만약 그것이 지금 당장 이루기 어렵다면 한발짝 물러서는 것도 현명한 방법이다.

▷▶▷

최고의 나, 최고의 조직을 만드는 난세의 경영법

난세,
사람이 답이다

초판 1쇄 인쇄 2012년 4월 23일
초판 1쇄 발행 2012년 4월 30일

지은이 백사선
발행인 임채성
본부장 박태규
디자인 하로디자인(nowhm@naver.com)

펴낸곳 도서출판 리드잇
주소 서울시 마포구 동교동 165-8 LG팰리스빌딩 921호
전화 070-4119-6304 **팩스** 02)332 - 6306
메일 pacemaker386@gmail.com
출판등록 2011년 8월 30일(신고번호 제313 - 2011 - 243호)

ISBN 978-89-967191-3-7 13320

• 이 책은 도서출판 리드잇과 저작권자와의 계약에 따라 발행한 것이므로
  본사의 서면 허락 없이는 어떠한 형태나 수단으로도 이 책의 내용을 이용할 수 없습니다.
• 파본은 본사와 구입하신 서점에서 교환해드립니다.
• 책값은 뒤표지에 있습니다.